Evelyn Thomsen

Gesund und fit mit Heiltee

Die richtigen Tees für Körper, Geist und Seele

Seehamer Verlag

Hinweis des Verlages:
Die Eigentherapie mit Teepflanzen ersetzt nicht den eventuell nötigen Besuch beim Arzt. Wenn ein bestimmtes Krankheitsbild häufig auftritt oder Ihnen unerklärlich ist, sollten Sie auf jeden Fall einen Arzt, Heilpraktiker oder Homöopathen zu Rate ziehen. Eine erforderliche medizinische Therapie kann von Heilkräutern gut ergänzt werden. Sprechen Sie bitte in diesem Fall die Einsatzweise mit Ihrem medizinischen Berater ab. Die in diesem Buch dargestellten Krankheitsbilder und die Einsatzweise von Heilkräutern wurde nach bestem Wissen und Gewissen zusammengestellt. Eine Haftung oder Wirkgarantie kann nicht übernommen werden.

Bildnachweis:
Alle Fotos von Bildarchiv Sammer, Neuenkirchen

DTP: Ralf Furtner, Bruckmühl
Einbandgestaltung: Bine Cordes, Weyarn
Titelfoto: Bildarchiv Sammer, Neuenkirchen
Printed in Austria
ISBN- 3-934058-11-6

Inhalt

Vorwort

Unser Körper ist unser Garten,
und unser Wille der Gärtner.

William Shakespeare

Mit diesem Buch haben Sie sich entschieden, unter die „Gärtner" zu gehen. Und wie ein Gärtner den Rhythmus der Natur zur Pflanzenpflege nutzt, so soll dieses Buch Sie dabei unterstützen, Gesundheitsschwankungen auszugleichen.

Dazu stehen Ihnen nahezu 400 Heilkräuterempfehlungen und -rezepte zur Verfügung. Sie finden sie im praktischen, alphabetischen Indikationsnachschlagewerk, das Symptomatik, Ursachen und Abhilfen zu mehr als 40 Beschwerdebildern darstellt. Ergänzt werden die Heilkräuterrezepte von einer Vielzahl alternativer Verhaltensweisen und Therapien, die den Heilungsprozess wirkungsvoll unterstützen können.

Im astrologisch-medizinischen Teil dieses Buches erfahren Sie, was die Sterne zu Ihrer Gesundheit sagen. Sie lernen die Krankheitsdispositionen der Sternzeichen kennen und erschließen sich damit eine wertvolle Chance, typischen Beschwerden vorzubeugen oder sie gezielt mit Heilkräutern zu behandeln. Nicht zuletzt können Sie hier auch die Erklärung für wiederkehrende Probleme finden, die Ihnen bisher vielleicht ein Rätsel waren und die Sie jetzt unter neuen Heilaspekten lösen können.

Von den Sternen geht die Gesundheitsreise nach Indien, um in der uralten ayurvedischen Gesundheitslehre weitere Erkenntnisse zur persönlichen Heilung zu finden. Sie können Ihren Konstitutionstyp nach der ayurvedischen Lehre entdecken und erfahren Möglichkeiten zur typgerechten Gesundheitspflege und natürlich den geeigneten ayurvedischen Heiltee zur individuellen Vitalitätssteigerung.

Machen Sie sich außerdem bereit für so manche Überraschung. Sie werden sie erleben, wenn Sie sich mehr und mehr für das geheime Leben der Heilpflanzen als die Hüterinnen der kosmisch-irdischen Heilkräfte öffnen. Hierin liegt der Schlüssel für die Wirkung der Kräuter auf unseren Körper, Geist und Seele. Der Schlüssel eröffnet die faszinierende Welt der Inhaltsstoffe und mehr noch – er führt in die pflanzliche Energie des Heilens ein.

Zum „Gärtnern" ist also alles bereit. Der „Gärtner" Wille kann beginnen, um den „Garten" Körper in ein gesundes blühendes Reich zu verwandeln. Ihre Gehilfen warten schon – die Heilkräuter.

Ihre Evelyn Thomsen

Ein Streifzug durch die Geschichte der Naturheilkunde

Die Naturheilkunde ist im Grunde so alt wie der Mensch, und dieser hat so manche seiner Erfahrungen von den Tieren abgeschaut. Der Urmensch als Beobachter der Tiere ahmte nach, lernte und übte sich selbst im intuitiven Anwenden von Heilkräutern. Daraus entstand nach und nach umfassendes Wissen über die Heilkraft der Natur, die von Generation zu Generation weitergegeben, verbessert und angepasst wurden. Aus den rudimentären Anfängen entwickelte sich die Naturheilkunde und auch die Medizin. Hier eine kurze Zusammenfassung einiger Menschen, die mit ihren Theorien jeweils große Fortschritte in der Medizin und Naturheilkunde bewirkten.

Hippokrates: Der Eid des Hippokrates (460 – 375 v. Chr.), alles zur Lebenserhaltung eines Menschen zu tun, gilt heute noch als ethischer Grundsatz ärztlichen Handelns. Auf seiner Geburtsinsel Kos (Griechenland) gründete Hippokrates eine Ärzteschule und lehrte die (Natur-) Heilkunde im Sinne der ganzheitlichen Zusammenhänge von Körper, Geist und Seele. Seine Lehre gilt als antiker Vorläufer der psychosomatischen Medizin.

Claudius Galenus: Der römische Arzt griechischer Herkunft erreichte (199 – 129 v. Chr.) als Leibarzt des Kaisers Marc Aurel großes Ansehen. Von den Lehren Hippokrates' geschult, entwickelte er eigene Vorstellungen als Arzt, Psychologe und Biologe und hinterließ zahlreiche Schriften. Man vermutet, dass auf ihn die Vermischung verschiedener Wirkstoffe und deren Verabreichung als Tablette zurückgeht.

Paracelsus: (eigentlich: Theophrastus Bombastus von Hohenheim, 1493 – 1541). Er rüttelte kräftig an den Strukturen der Medizin des Mittelalters. Diese wurden offen oder unterschwellig von dem Glauben getragen, Krankheit sei eine Art Buße für schuldhafte Vergehen. Der in der Schweiz geborene Naturarzt setzte sich für eine gesunde Lebensweise zur Vorbeugung und Behandlung von Krankheiten ein. Er entwickelte die Methode des Aderlassens und des Schröpfens. Mit seiner Entdeckung, dass Gicht und Rheuma Stoffwechselstörungen seien, schuf er sich zunächst eher Feinde als Freunde. Wie sehr er an die Heilkraft der Natur glaubte, verdeutlichen seine Leitsätze: „Alle Wiesen und Matten, alle Berge und Hügel sind Apotheken", und „es ist die Aufgabe des Arztes, der Natur bei der Heilung zu helfen".

Samuel Hahnemann: Der in Meißen geborene Arzt (1755 – 1843) begründete die Homöopathie. Grundlage davon sind zwei Richtlinien: 1. die Ähnlichkeitsregel und 2. die Potenzierung. Die Ähnlichkeitsregel geht davon aus, Erkrankungen mit Wirkstoffen zu behandeln, die ähnliche Erkrankungen hervorrufen können, um damit die Selbstheilungskräfte intensiver anzuregen. Die Potenzierung beruht auf der Idee, dass die günstige Wirkung eines Stoffes, sich mit der Verdünnung verstärkt (potenziert).

Christoph Wilhelm Hufeland: Der Professor für innere Medizin (1762 - 1836) und Leibarzt des preußischen Königs sowie der Dichter Goethe und Schiller war mit seinen medizinischen Reformgedanken seiner Zeit weit voraus. Er setzte sich für die Homöopathie, moderne Psychologie und Hygiene ein und forderte, dass Medizin wie Naturheilkunde einander anerkennen und zusammen arbeiten sollten. Wegen seiner offenen Einstellung und vielfältigen Behandlungsmethoden galt er als „erster Universalarzt".

Sebastian Kneipp: Als „Gießkannenpfarrer"(1821 - 1897) brachte Sebastian Kneipp frischen Wind in so manche eingefahrene, medizinische Gepflogenheit. Sein „Wasserkonzept" beruhte auf einer verbesserten Version des Wasserkurens, welche von den Ärzten Johann Siegmund Hahn (Vater, 1664 - 1742 und Sohn) sowie dem Naturheilkundler Vinzenz Prießnitz (1799 - 1851) begründet worden war. Kneipp begründete eine umfassende Heilkräutertherapie, Ernährungsrichtlinien und eine ganzheitliche Ordnungstherapie. Der ehemalige Pfarrer machte die Wasser- und Heilkräuterkunde berühmt. In Bad Wörishofen entstand unter ärztlicher Leitung die erste Kneippsche Wasserheilanstalt. Heute sind die Kneippschen Anwendungen und Heilkräuterbehandlungen weltweit bekannt.

August Bier: Der Chirurg und Hochschullehrer (1861 - 1949) entwickelte die Lumbalanästhesie und die Blutstauung als Behandlungsmethode. Er trat für die Homöopathie ein und schrieb einige Bücher über die Psyche und Seele des Menschen. Mehr und mehr widmete er sich schließlich der Naturheilkunde und begründete die Reiztherapie. Mit ihm kamen auch umweltschützerische Aspekte zum Tragen, da er sich z. B. für das Aufforsten der Wälder einsetzte.

Naturheilkunde zum Nachdenken

Wie man sieht, entwickelte sich aus den rudimentären Anfängen nicht „nur" die Naturheilkunde, sondern auch die Medizin. Beide haben ihre Wunder vollbracht, beide ihre Grenzen erlebt. Im Einzelfall mag Letzteres enttäuschend gewesen sein. Doch liegt darin nicht auch eine Aufmunterung, sich gegenseitig zu ergänzen? Ein Wunsch, für den sich beispielsweise der große Mediziner Christoph Wilhelm von Hufeland schon vor 200 Jahren einsetzte und der sich erst jetzt, dafür aber rasch zunehmend, durchsetzt? Es hat sich gezeigt: Ob es sich nun um ein verbessertes Umweltbewusstsein oder Gesundheitsbewusstsein handelt - am Anfang jeder Änderung der Masse steht der einzelne Mensch. Aller Anfang liegt in uns selbst. Hier setzt dieses Buch mit seinem Angebot an: „Mit Heilpflanzen Gesundheit, Vitalität und Leistungskraft steigern".

Heilpflanzen – Hüterinnen der kosmisch-irdischen Heilkräfte

Wie bei Mensch und Tier ist auch bei der Pflanze die grundlegende Seinsinformation in einem winzigen Samen gespeichert. Ihr Lebenskreislauf sowie Aufnahme und Austausch kosmisch-irdischer Urkräften beginnt, wenn das Samenkorn der Pflanze in der Erde heranreift, um seinen „Heilauftrag", z. B. als Löwenzahn, als Schafgarbe, Birke usw. zu erfüllen. In Heilpflanzen vereinigt sich ein Netz von Energien, die im Laufe ihres Heranreifens von Bedeutung sind. Auf den Menschen bezogen, spielen die kosmisch-irdischen Einflüsse ebenfalls eine wichtige Rolle, wie man das bei der Zuordnung der zehn Planenten und der vier Elemente innerhalb des Horoskops erkennt. Im indianischen Medizinrad ist außerdem dargestellt, wie auch der Wind bzw. die Windrichtungen den Menschen prägen.

Die vier Elemente im Leben einer Heilpflanze

Die Elemente Feuer, Wasser, Erde und Luft begleiten die Pflanze ein Leben lang. Die erste Lebenskraft, die den Pflanzensamen erweckt, ist das Element Feuer in Form von sonnendurchdrungener Erde, gefolgt von Luft und (Regen-) Wasser. Diesen Erweckungsvorgang kann man sehr schön im Frühjahr beobachten, wenn eine „geheime" Kraft das Austreiben der Natur bewirkt. Das Element Feuer ruht im Samen der Pflanze und entzündet seine ganze Kraft in den Wurzeln. Während sich die Pflanze entwickelt, nimmt sie das Erdelement in Form von Mineralien, Spurenelementen und vielen anderen Biostoffen auf. Erde ist also verdichtete Energie für die Pflanze, die hier Halt und Nahrung und damit die Basis für ihr Wachstum findet. Die Wurzeln sind Vermittler der Erdenergie, und sie kanalisieren sie in Blatt- und Blütenkörper der Pflanze. Um dies zu bewerkstelligen, benötigen die Wurzeln das Element Wasser in Form von Regen, Nebel, Tau. Das Element Luft löst die Wandlungprozesse der Pflanze aus und aktiviert ihren Kreislauf – die Fotosynthese der Blätter, den Austausch von Feuchtigkeit bis hin zum Verströmen des Blütenduftes. Wie man sieht, stellen die vier Elemente für die Pflanze grundsätzliche Lebensenergie dar. Im übertragenen Sinn ist der Einfluss der vier Elemente mit der Zubereitung eines „kosmischen Menüs" zu vergleichen. Die besten Zutaten für ein Menü (symbolisch für die Biostoffe der Erde) können nicht zu einem Gericht (symbolisch für die Heilpflanze) werden, wenn man nicht über die wichtigsten Kochutensilien verfügt – über Strom (Feuer), Wasser (Regen), je nach Gericht über Luft (Backofen) sowie einen Topf (Erde) in dem alles „heranreift".

Windsbräute

Neben den vier Elementen prägen die vier Winde die Heilkraft der Pflanzen. Der Nordwind ist kalt und trocken. Pflanzen, die in Nordwinden gedeihen, tragen die Botschaft des Nordwindes in sich. Diese ist reinigend, kräftigend und beruhigend. Der Westwind ist warm, und er bringt Feuchtigkeit mit sich. In Westwindpflanzen lebt das Prinzip der Wärme, verbunden mit einer gewissen Schwere. Sie beruhigen und machen bereit zur Entspannung. Der Ostwind ist kühl, munter und erfrischend, er kündigt Wetterbesserung an. Seine Botschaft an die Heilpflanzen ist Reinigung, Aktivität, Konzentration und Abkühlung. Heiß, durchdringend, aber auch entspannend ist der Südwind. „Seine“ Heilpflanzen tragen die Botschaft von Hingabefähigkeit, Entspannung und Genuss in sich. Und so entwickelt sich mit den Winden eine (oder mehrere) Heilrichtung(en) in der Pflanze. In unserem „kosmischen Menü“ kommen die Winde der Einstellung der Herdtemperatur gleich, die entscheidenden Einfluss auf das Gelingen eines Gerichtes hat. Der Westwind steht symbolisch für die mittlere Hitze, Ostwind – scharf anbraten, Südwind – Backofen, Nordwind – etwas im Kühlschrank erstarren lassen.

Im Licht der Planeten

Zehn Planeten stellen im Leben der Pflanzen mächtige Kräfteströme dar, die Wesen und Wirkung der Pflanzen stark mit beeinflussen und ihr sozusagen den individuellen „Heilkick“ verleihen. Auch hier kann man wieder eine Verbindung zum Menschen finden, der ja ebenfalls von den Planeten geprägt wird. Um diesen Bezug zu verdeutlichen, wird bei den folgenden Beschreibungen jeweils das Tierkreiszeichen erwähnt, das demselben Planeten zugeordnet ist. Für den Menschen bedeutet das, dass „ihr“ Planet ihnen über die Pflanze helfen kann, sternzeichentypische Krankheitsbilder zu behandeln. Dieses Thema wird später noch näher behandelt.

Die Sonne

Sie ist die Energiespenderin Nr. 1 für Pflanzen. Ausgesprochene Sonnenpflanzen haben oft gelbe oder orangefarbene, zumeist duftende Blüten, und sie orientieren sich nach dem Sonnenlicht. Vielfach konzentriert sich die Wirkung von Sonnenpflanzen auf Augen, Herz und Kreislauf sowie alle Krankheiten, z. B. Geschwüre, die hohe Energie zur Auflösung und Öffnung brauchen. Im Sternzeichen des Löwen Geborene finden in Sonnenpflanzen eine gute Unterstützung, um ihrer Neigung zu Herz-Kreislaufproblemen entgegenzuwirken. Die vom Planet Sonne geprägte Angelikawurzel beispielsweise, verleiht dem Löwe-Geborenen psychische und physische Widerstandskraft bei nervöser Erschöpfung.

Mond

Der Mond beeinflusst die Gezeiten und trägt das Prinzip der Veränderung in sich.

Der Mond ist die Schattenseite der Sonne, er ist tiefgründig und emotional. Er beherrscht den Wasserhaushalt der Pflanze, wie er beim Menschen Blut, Lymphe, Schleimhäute und bei Frauen die Menstruation beeinflusst. Mondpflanzen, wie z. B. der Kürbis, gedeihen gut in Wassernähe. Die im Zeichen des Krebses Geborenen können z. B. die entspannende und emotional balancierende Heilkraft der Mondpflanze Jasmin nutzen, um nervlich bedingte Störungen auszugleichen.

Mars

Rot, feurig und impulsiv leuchtet der Planet Mars, der mit seiner kosmischen Kraft den Kreislauf der Pflanze anregt. Dieser Planet besitzt eine reinigende, kräftigende Energie. In Pflanzen tritt sie meist als eine gewisse Schärfe oder intensive Würzigkeit auf, so beim marsgeprägten Pfeffer oder Basilikum. Widder-Geborene können mit intensiv schmeckenden Tees oder auch scharf gewürzten Speisen ihre Reaktionsschnelligkeit, Entschlusskraft sowie den Willen, sich einer Sache mit Hingabe zu widmen, wecken.

Venus

Die Venus umhegt und pflegt ihre Heilpflanzen und lässt kosmische Harmonie in sie einströmen. Als Planet der Liebe vermittelt die Venus Schönheit, Sanftmut, Duft und Blütenzauber, mit dem die Pflanzen dann auf Menschen wirken. Als typische Venuspflanze gilt die Rose. Ihre harmonisierenden Effekte entsprechen dem Wesen von Waage-Geborenen, die ein großes Harmoniebedürfnis in sich tragen. Es kann durch die verschiedensten Einflüsse leicht ins Wanken geraten, aber mit der Rose besonders gut wieder aufgerichtet werden. Der Planet Venus wird auch dem Sternzeichen Stier zugeordnet. Die Rose als Venuspflanze erleichtert es ihm, dem Alltagstrott zu entfliehen und sich in Stresssituationen auf seine Entspannungs- und Genussfähigkeit zu besinnen.

Merkur

Mit seinen schnellen planetarischen Schwingungen weckt Merkur die Ausdruckskraft der Pflanze. Diese macht sich dann meist in einem intensiven bis durchdringenden Duft der Pflanze bemerkbar. Sie wirkt sich auf das menschliche Nervensystem bzw. den Organismus aus. Zwillinge profitieren von der Merkur-Schwingung in Pflanzen, wenn sie unter sternzeichentypischen nervös bedingten Erkrankungen oder unter Atemwegsbeschwerden leiden. Als intensiv duftende Merkurpflanze wirkt sich Anis entspannend bei inneren Verkrampfungen aus. Bei den ebenfalls von Merkur geprägten Jungfrau-Geborenen beruhigt Dill die nervöse „Gedankenmühle“.

Jupiter

Nährend und lebenserhaltend vermittelt Jupiter seinen Pflanzen eine sehr kraftvolle Energie, die im Pflanzenkörper den Stoffwechsel und das Zellwachstum aktiviert. Meist wachsen sie kraftvoll und besitzen ein auffallendes Blattwerk, wie z. B. der Lorbeer. Jupiterpflanzen tragen auch die Kraft zur geistigen Öffnung in sich, was der Lavendel auf entspannende und befreiende Art vermittelt. Damit kommt diese Pflanze dem oft geistig arbeitenden jupitergeprägten Sternzeichen des Schützen entgegen.

Saturn

Festigende, zusammenziehende, bewahrende und eindämmende Energie vermittelt der Planet Saturn seinen Heilpflanzen. Saturnpflanzen sind eher dunkel und riechen nicht immer angenehm. Das Prinzip des Saturns steckt in Rinden oder Pflanzenteilen, die besonders reich an Gerbsäure und Silicium sind. Beides wirkt sich positiv auf Wunden, Hautflechten und andere Hautprobleme aus. Typisch für den Saturn sind insbesondere Hornhaut-, Trockenheits- und Flechtenprobleme. Seine Hautprobleme kann der saturnbeeinflusste Steinbock-Geborene mit Zinnkraut lindern, die oft chronischen Knochenbeschwerden mit dem Öl der saturnisch geprägten Edeltannen.

Neptun

Im tiefen Wasser, aber auch in der „verschleiernden“ Feuchtigkeit des Nebels wirkt die Planetenenergie von Neptun. Neptunpflanzen lieben Feuchtigkeit. Typische Neptunpflanzen sind Algen, die sich zudem auf den Wasserhaushalt des Menschen auswirken. In feuchter „Neptunumgebung“ sind auch Lungenkraut und Spitzwegerich zu finden, die sich positiv auf den Feuchtigkeitshaushalt der Lungen auswirken. Lungenwirksam sind ferner Tannen und Fichten, die den feuchten Tau der Höhenlagen lieben bzw. in feuchten schattigen Wäldern gedeihen.

Uranus

Uranus vermittelt seinen Pflanzen Frische, Fruchtbarkeit und anregende Impulse, wobei er recht bizarre Pflanzengeschöpfe hervorbringen kann. Uranus ist ungewöhnlich, unnormal und gibt allem eine persönlich-außergewöhnliche Note. Planetengeprägt haben Uranuspflanzen deshalb etwas Würziges an sich und oft einen sehr typischen Geruch, wie z. B. die Krauseminze und der Beifuß. Beide können Wassermann-Geborenen zu mehr Wohlbefinden verhelfen. Die Krauseminze mit ihrem entspannenden Effekt, Beifuß kann hilfreich sein bei wassermanntypischen Krampfproblemen in den Waden.

Pluto

Pluto führt in tiefe Schattenbereiche und verströmt seine Planetenenergie in Pflanzen, die dies ebenso tun. Seine Pflanzen gedeihen in Schluchten, und sei es nur Mauerritzen, sie mögen eher schwere, lehmige und moorige Erde und suchen sich gern Bachufer und Flussauen aus. So wie Faulbaum und Tausendguldenkraut, die – plutogeprägt – insbesondere im dunkelsten Bereich des menschlichen Körpers wirksam werden: im Dickdarm. Beide wirken verdauungsanregend und können damit Skorpion-Geborenen helfen, typische Verstopfungsprobleme zu überwinden.

Die Sternzeichen und ihre Heilpflanzen

Ein Geburtshoroskop ist sozusagen die Geburtsbotschaft eines jeden Menschen – individuell geprägt von Planeten und Elementen. Nicht nur Charakter, persönliche Potenziale, Schwächen und Stärken, sondern auch Krankheitsdispositionen, die sich daraus ergeben, können im Geburtshoroskop erkannt werden. Einige wichtige Hinweise auf mögliche gesundheitliche Schwächen gibt das Sonnenzeichen, das heißt, das Tierkreiszeichen unter dem Sie geboren wurden. Darüber hinaus können sich aus der individuellen Planetenkonstellation noch weitere Krankheitsdispositionen ergeben, was im Einzelfall betrachtet werden muss. Wenden Sie sich am besten an einen guten Astrologen oder an einen Heilpraktiker, der sich auf gesundheitlich-astrologische Beratungen spezialisiert hat. Auf die wichtigsten Elemente eines Horoskops möchte ich hier eingehen, da man sehr gut erkennen kann, wie die Astrologie durch analoge Verknüpfungen ein Schlüssel zu Gesundheit und Wohlbefinden werden kann.

Die Grundelemente des Horoskops

Der Begriff „Horoskop“ bedeutet so viel wie „in die Stunde schauen“ und leitet sich ab aus den griechischen Worten hora (Stunde) und scopein (schauen). Dargestellt wird ein Horoskop als ein Kreis, der in 12 Felder, so genannte Häuser, eingeteilt ist. Jeweils drei Häuser werden wiederum einem Quadranten zugeordnet, was an dem eingezeichneten Achsenkreuz erkennbar ist. Der 1. Quadrant mit Haus 1 – 3 steht übergeordnet für den körperlichen Bereich des Menschen. Der 2. Quadrant mit Haus 4 – 6 umfasst die seelische Ebene. Beim 3. Quadranten mit Haus 7 – 9 geht es um geistige Bereiche, und der 4. Quadrant mit Haus 10 – 12 ist der überpersönliche oder gesellschaftliche Bereich. Astrologisch bestimmt das Tierkreiszeichen bzw. Sternzeichen unsere charakterlichen Anlagen. Typisch für Widder-Geborene ist der innere Drang, mit dem „Kopf durch die Wand“ zu wollen. Wenn die Durchsetzungskraft nicht ausgelebt werden kann oder wenn der Widder auf Widerspruch und Gegendruck stößt, kann der innere Sturm zu massiven Kopfschmerzen führen. Der Aszendent sagt aus, was man aus den charakterlichen Anlagen des Sternzeichens macht und wie man sie umsetzt. Stünde der Aszendent im Krebs und dieser Mensch würde seine gefühlvolle Art inmitten einer „rauen Umwelt" stets unterdrücken, könnten sich daraus krebstypische Magenkrankheiten ergeben. Der Stand des Mondes besagt, wie der Mensch mit Gefühlen, Wünschen und Ideen umgeht. Läge der Mond im Schützen, möchte dieser Mensch sein Wesen gern in Fülle und Überschwang ausleben. Wird er daran gehindert, besteht die Neigung, Ersatzbefriedigungen zu finden. Der Schütze-Mond könnte sie in Form von zu reichlichem Essen finden, und das wiederum könnte zu schützetypischem Übergewicht an Oberschenkeln und Hüften führen, im schlimmeren Fall zu Leberbeschwerden. Dem Aszendenten gegenüber liegt der Deszendent, der die Verbindung vom Ich zum Du vermittelt. Würde der Deszendent im Stier liegen, suchte dieser Mensch stabile zwischenmenschliche Kontakte, auf die er sich verlassen kann. Fortwährende Enttäuschungen in diesem Bereich könnten vermehrt zu stiertypischen Nackenverspannungen führen. Medium Coeli und Imum Coeli zeigen die Verbindungslinie vom Tag zur Nacht auf, worin die Symbolik von bewusst und unbewusst gelebten Persönlichkeitsanteilen, von Individualität und Lebenserfolg liegt. Ein ständiges Gefühl des Versagens würde, wenn es sich hier beispielsweise um eine Jungfraukonstellation handelte, vermehrt zu Durchfallerkrankungen führen können. Und zwar, weil die Jungfrau dazu neigt, alles, auch den Misserfolg, bis ins Detail zu analysieren. Der Darm als Nahrungsverwerter würde das Zuviel an Analyse in jungfrautypischem Durchfall zum Ausdruck bringen. Fazit: Eine gesundheitlich orientierte Betrachtung des Horoskops bedeutet, sich auf einen Bewusstwerdungsprozess einzulassen. Im Mittelpunkt steht dabei, die Sprache der Organe verstehen zu lernen und damit den Sinn einer Erkrankung zu erkennen. So wird die Krankheit nicht länger als „lästiges Übel" betrachtet, sondern als Signal dafür, dass ein Persönlichkeitsanteil ungesund ausgelebt wird. Um ein persönliches Horoskop von einem Astrologen ausarbeiten zu lassen, benötigen Sie Ihr Geburtsdatum, die genaue Geburtsuhrzeit sowie den Geburtsort und ggf. die nächstgrößere Stadt. Sollte die genaue Geburtszeit nicht auf der Geburtsurkunde vermerkt sein, können Sie diese beim zuständigen Standesamt erfragen. Einen kleinen Einblick in Ihr Sternbild können Sie gleich nehmen.

Ihre Gesundheit steht in den Sternen

Widder

21. März – 20. April

Ihr Motto „Immer voran", beschert Ihnen als stürmischem Widder häufig Kopfschmerzen und andere Verspannungszustände. Angetrieben werden Sie als Widder vom Element Feuer und dem kämpferischen Planeten Mars, die den Willen zum „Durchbeißen" vermitteln. Da kann es schon einmal vorkommen, dass Sie allzu impulsiv reagieren und die Durchsetzungsschwierigkeiten sich in Zahnschmerzen manifestieren. Als Widder sind Sie mutig, manchmal geradezu kühn. Begeisterungsfähig planen Sie Ihre Ziele. Widder-Geborene sind typische Vordenker, zum Ausführen der Ideen fehlt ihnen aber manchmal die rechte Lust. Dann delegieren sie die Aufgabe gern an andere weiter, die das möglichst widerspruchslos hinnehmen sollten. Das klappt natürlich nicht immer, was den Widder ungeduldig und aufbrausend macht. Unerfüllte hohe Erwartungen an sich selbst und andere sowie unterdrückte Wut können zu Gallenblasenprobleme führen. Diverse Augenbeschwerden und Gesichtsneuralgien sind der organsymbolische Ausdruck von mangelnder Erkenntnisfähigkeit und unbewussten Konflikten.

Widder-Krankheitsdispositionen und Heiltees

Kopfschmerzen: Gundelrebe, Schlüsselblume, Lavendel, Wermut

Augenerkrankungen: Augentrost, Fenchel, Kamille, Rose

Zahnschmerzen: Bärlapp, Kalmus, Spitzwegerich

Gesichtsneuralgien: Waschungen mit einem Aufguss aus Blüten und Blättern der Königskerze, ferner Auflagen mit frischen, leicht zerstoßenen (inneren) Weißkohlblättern

Gallenbeschwerden: Leinöl, Wermut, Rosmarin, Fenchel, Anis

Alternative Selbsthilfe: Durch viel Bewegung können Sie die innerlich angestaute Kraft, Ungeduld und Wut abbauen. Ferner helfen Therapien wie Akupunktur, Augentraining und Bioenergetik.

Stier

21. April – 20. Mai

Im Zeichen des Stiers geboren, lieben Sie Ruhe und Harmonie. Neuerungen sehen Sie eher skeptisch entgegen. Beherrscht vom Planeten Venus sind Sie sehr familienfreundlich eingestellt und zu tiefen Empfindungen fähig. Es belastet Sie, wenn in Ihrem persönlichen Umfeld eine unharmonische Atmosphäre herrscht. Hals- und Nackenprobleme können sich dann schmerzhaft bemerkbar machen. Ein weiterer Auslöser für gesundheitliche Probleme könnte eine Tätigkeit sein, die Ihrem Sinn fürs Praktische widerspricht. Stier-Geborene können hart arbeiten und sehr sparsam sein, um sich materiellen Wohlstand zu schaffen. Darin liegen natürlich Gesundheitsrisiken, z. B. eine Funktionsstörung der Schilddrüse, nervös bedingte Schluckbeschwerden usw. In diesem Zeichen besitzen Sie aber auch die Fähigkeit, das Leben genießen zu können. Im Interesse Ihrer Gesundheit sollten Sie sich öfters daran erinnern.

Krankheitsdispositionen und Heiltees
Heiserkeit: Huflattich, Süßholz, Veilchen
Halsentzündung: Zwiebelsaft mit Honig
Schluckbeschwerden/Schluckauf: Dill knabbern, Anistee trinken
Schilddrüsenerkrankungen: Beinwurz (Kropf), Eiche, Labkraut

Alternative Selbsthilfe: Lange Spaziergänge im Wald lassen Sie wieder zu sich und Ihrer inneren Ruhe und Gelassenheit finden. Weitere Therapien wie Massage, Chiropraktik, Phyto- und Aromabehandlungen, auch Stimmtraining (z. B. in einer Gesangsgruppe) haben wohltuenden Einfluss auf Körper und Gemüt.

Zwilling

21. Mai – 21. Juni

Heute hier, morgen dort – Sie als geselliger Zwilling lieben alles Neue und probieren vieles aus. So kann es vorkommen, dass Sie sich empfindlich die Finger verbrennen, sprich, von jemandem in Ihre Schranken verwiesen werden. Für Sie als Zwilling ist es wichtig, Ihren Erlebnisdrang einerseits auszuleben, andererseits das richtige Maß zwischen Aktivität und Entspannung zu finden. Sowohl unterdrückter Erlebnisdrang als auch ein Zuviel davon schlägt dem Zwilling-Geborenen häufig auf die Lungen, und Entzündungen, TBC, auch Asthma können auftreten. Ihre Sprunghaftigkeit und Wurzellosigkeit kann den Zwilling-Geborenen ferner auf die Nerven schlagen und sich in neurologischen Erkrankungen zum Ausdruck bringen. Eine Entspannungsmöglichkeit liegt in Ihrer Kreativität und – vom Planeten Merkur beeinflusst – in der Kommunikationsfreude. Pflegen Sie Kontakt zu anderen Menschen und zu Ihrem Freundeskreis, denn der zwischenmenschliche Austausch ist ein Lebenselixier für Sie.

Krankheitsdispositionen und Heiltees
Atemwegserkrankungen/Asthma: Alant, Eibisch, Isländisch Moos, Sonnentau, Spitzwegerich
Lungenleiden: Tee von Weißer Taubnessel, in Fett gewärmte Zwiebel-Brustauflage (stündlich erneuern)
Neurologische Erkrankungen: nervenausgleichende Tees wie Rose, Melisse, Pfefferminze, Kamille, Lavendel etc.

Alternative Selbsthilfe: Stillen Sie Ihren Freiheits- und Erlebensdrang so oft es geht durch Bewegung, z. B. Joggen oder

Gruppenaktivitäten in der Natur. Gesprächstherapie hilft, um seelische Probleme loszuwerden. Atemtherapie, Inhalationen und Ozontherapie befreien die belasteten Atemwege.

Krebs

22. Juni – 22. Juli

Beeinflusst vom Planeten Mond sind Sie als Krebs-Geborener sehr empfindsam, und eine harmonische Atmosphäre ist Ihnen viel Wert. Sie lassen sich meist von Ihren Gefühlen leiten, und alles Erlebte wird zunächst durch den „Gefühlsfilter“ Magen geleitet. Je nach Stand der Emotionen kann Ihr Magen recht empfindlich mit Aufstoßen, Sodbrennen, Krämpfen etc. reagieren. Auch die Bauchspeicheldrüse kann Probleme machen, wenn Ihnen die „Süße des Lebens“ fehlt. Beschwerden mit dem Unterleib und der Brust sind häufig. Die Organsprache vermittelt mit solchen Beschwerden Partnerschaftskonflikte und das Gefühl, zu wenig geben zu können. Das Element des Krebses ist das Wasser. Überschäumend und reich wie das Meer ist auch meist Ihre Fantasie. Das äußert sich in Ihrer außergewöhnlichen Kreativität und Ihrem Forschergeist – beides können Sie nutzen, um vom Alltag einmal abzuschalten.

Krankheitsdispositionen und Heiltees

Magenbeschwerden: Bohnenkraut, Enzian, Kamille, Wilde Malve

Bauchspeicheldrüsenbeschwerden: Tee aus Mistel oder Tausenguldenkraut

Weibliche Brust/Brustdrüsenverhärtung: 2-stündige warme Leinenauflage mit einem Brei aus 2 EL angerührtem Beinwurzpulver

Unterleibsprobleme: Tee aus Frauenmantel, Wermut und warme Heublumenauflagen

Alternative Selbsthilfe: Ein Aufenthalt am Meer mit langen Strandspaziergängen sind Balsam für Ihre Nerven und Ihre Seele. Ergänzende Wassertherapien, z. B. Körpergüsse, ferner Lymphdränage, Psychotherapie und Meditation sorgen für innere Harmonie.

Löwe

23. Juli – 23. August

Angetrieben vom Element Feuer scheint Ihre Löwen-Energie unerschöpflich. Ihr Durchsetzungsvermögen, Ihre Tatkraft und Großzügigkeit wird von vielen bewundert. Zur Tüchtigkeit kommt überzeugender Charme. Mit diesem verwöhnen Löwe-Geborene andere allerdings nur, wenn sie ihm wohlgesonnen sind – oder wenn sie partout etwas erreichen wollen. Ihr Sternbild im Zeichen der Sonne beschert Ihnen zwar viele positive, kosmische Einflüsse, aber auch Ihre Kraft ist einmal erschöpft und kann sich in Herz-Kreislauferkrankungen bemerkbar machen. Bluthochdruck oder Infarkt, können die Diagnosen des Arztes bei einem allzu ehrgeizigen „Arbeitslöwen" heißen. Sein Engagement und sein Durchsetzungswille erfordert vom Löwe-Geborenen im wahrsten Sinn des Wortes auch Rückgrat, was sich in Verspannungen im Nacken und in Wirbelsäulenproblemen zum Ausdruck bringen kann. Lassen Sie es gar nicht so weit kommen. Besinnen Sie sich in hektischen Phasen darauf, dass Sie schon ganz andere Probleme gemeistert haben.

Krankheitsdispositionen und Heiltees
Herzbeschwerden: Galgant, Herzgespann, Johanniskraut, Weißdorn, Rose
Bluthochdruck: Knoblauch, Mistel, Weißdorn
Herzinfarkt: Täglich ein Esslöffel Leinsamenöl wirkt der Bildung von Blutgerinnseln entgegen
Rückenmarkserkrankungen: Tee aus Weinrebenblüten, Einreibungen mit Johanniskrautöl
Schulter- und Nackenverspannungen: Warme Heublumenauflagen

Alternative Selbsthilfe: Entspannung und neue Energie für Körper, Geist und Seele können Sie in Therapien wie Akupressur, Shiatsu und Aromamassagen, Bioenergetik und Rückenmassagen finden. Wohl tuend und kraftspendend sind Licht- und Farbbehandlungen sowie Sonnenbäder (in Maßen).

Jungfrau

24. August – 23. September

Beeinflusst vom Planeten Merkur, handeln Sie als Jungfrau häufig verstandesgeprägt. Durch Ihr Element Erde sind Ihnen zusätzlich Standfestigkeit, Ordnungsliebe und viel Sinn fürs Materielle in die Wiege gelegt. Häufig zu kurz kommt der spontane Lebensgenuss, und es fehlt an Lockerheit und Freiheit. Nicht selten schlägt sich dieser Notstand organisch nieder. Der Körper reagiert mit nervösen Verdauungsbeschwerden wie Durchfall oder Darmentzündungen. Bauchspeicheldrüsenerkrankungen können sich ergeben, wenn das durchorganisierte Leben keinen Raum für Genuss mehr bietet. Im Berufsleben sind Persönlichkeitsanteile wie Standhaftigkeit natürlich von Vorteil, und als zielstrebige Jungfrau steigen Sie kontinuierlich die Erfolgsleiter hoch. Einerseits schaffen Sie sich damit die Möglichkeit innerer Befriedigung, andererseits liegt darin ein weiteres krankheitsförderndes Potenzial. Als Jungfrau sollten Sie sich immer wieder einen genüsslichen Ausgleich zum Alltag schaffen.

Krankheitsdispositionen und Heiltees
Durchfall: grüner und schwarzer Tee, Heidelbeeren, Tormentille
Colitis: eine Messerspitze Angelikawurzelpulver 3 – 4 x täglich sowie in kleinen Mengen Heidelbeerwein (Reformhaus)

Bauchspeicheldrüsenerkrankungen: Tee aus Mistel und Tausenguldenkraut

Alternative Selbsthilfe: Verlegen Sie Ihre Hobbys nach draußen, denn in der freien Natur können Sie Ihr „Gedankenrad" leichter abschalten. Körperliches Wohlbefinden können Sie durch eine gründliche Darmsanierung, z. B. durch Fasten oder Hydrocolon-Therapie erzielen. Unterstützend wirken Homöopathie und Bachblüten.

Waage

24. September – 23. Oktober

Das Element des Zeichens Waage ist die Luft. Diese lässt Sie mit fast spielerischer Leichtigkeit an Dinge herangehen, die anderen Zeichen schlaflose Nächte bereiten würden. Allerdings brauchen Sie als Waage für Ihr persönliches Wohlbefinden das unbedingte Gefühl der Harmonie, insbesondere im partnerschaftlichen, aber auch zwischenmenschlichen Bereich. In eine Partnerschaft investieren Sie viel und stecken der Harmonie wegen oft Ihre eigenen Wünsche zurück. Daraus können sich unbefriedigende Lebenssituationen ergeben, die den Waage-Geborenen im wahrsten Sinn des Wortes an die Nieren gehen. Blasenerkrankungen und Nierenbeckenentzündungen können neben Hautproblemen, Zuckerkrankheit und Venenbeschwerden die Folge sein. In Ihrem Sinn für Schönheit und Lebensgenuss liegt eine große Chance, zu regenerieren. Umgeben Sie sich mit schönen Dingen, und genießen Sie öfter mal eine Teestunde.

Krankheitsdispositionen und Heiltees
Nierenbeckenentzündung: Bärentraubenblätter, Liebstöckel, Wintergrün, Hagebutte
Blasenerkrankungen: Goldrute, Birkenblätter, Kamille, Preiselbeere
Akne: Bohnenschalen, Kamille, Rose, Stiefmütterchen
Ekzem: Brunnenkresse, Sandsegge, Schöllkraut, Zinnkraut
Venenerkrankungen: Homöopathische Arnikaverdünnung oder Ringelblumenessenz, kalte Auflagen mit Bockshornklee
Zuckerkrankheit: Brennnessel, Hagebutte, Beinwurz, Erdbeere

Alternative Selbsthilfe: Entdecken Sie Ihre innere Lebensfreude durch Kunst-, Mal- und Tanztherapie. Ausgleichende Bewegungstherapien wie Yoga und Qui Gong vermitteln Ihnen ganzheitliche Balance. Bürstenmassagen und Atemtherapie haben einen befreienden Effekt.

Skorpion

24. Oktober – 22. November

Als vom Planeten Pluto beherrschtes Sternzeichen besitzen Sie ein kämpferisches Naturell. Bei allem was Sie tun und erleben, gehen Sie in die Tiefe. Sie besitzen einen ausgeprägten Hang zur (Selbst-) Analyse und durchschauen Ihr Gegenüber meist schnell. Das kann zu, wenn auch letztlich heilsamen, Enttäuschungen führen. Meist entscheiden Sie sich mit Konsequenz für oder gegen etwas. Ist eine solche Entscheidung gefallen, stehen Sie auch dazu, auch wenn es unbequem für Sie werden kann und große Opfer fordert. Skorpion-Geborenen fällt es sehr schwer, loszulassen. Dieses Sinnbild spiegelt sich in den „Loslass-Organen", den Geschlechts- und Ausscheidungsorganen sowie Nase und Nasennebenhöhlen wider. Hier treten Beschwerden insbesondere bei Partnerschaftskonflikten, bei mangelndem Selbstwertgefühl, verletztem Stolz oder unbefriedigender Sexualität auf. Ihrem Naturell entsprechend neigen Sie dazu, körperliche Beschwerden durch extreme Therapien auszuschalten. Versuche Sie es das nächste Mal mit einer sanften Methode – sie ist Balsam für Ihre Skorpionseele.

Krankheitsdispositionen und Heiltees
Scheidenentzündungen: Sitzbäder oder Spülungen mit Kamillenaufguss (abgefiltert)
Geschlechtskrankheiten: Eibischtee
Prostataerkrankungen: 2 Tassen Wintergrüntee aus den Blättern
Hämorrhoiden: Heidelbeere, Holunder, Kamille, Lein
Verstopfung: Faulbaum, Kümmel, Tausendguldenkraut, Wermut
Nasen- und Nebenhöhlenerkrankungen: Inhalationen mit Kamillen-Thymian-Tee, Nasenspülungen mit Zinnkraut oder Kamille

Alternative Selbsthilfe: Nutzen Sie Ihre Fähigkeit der mentalen Kraft, und wecken Sie Ihre innere Heilkraft durch Suggestionstherapie, Meditation und autogenes Training. Fasten, Dickdarmspülungen, Sauna und Fangobehandlungen haben erleichternde und befreiende Wirkung.

Schütze

23. November – 21. Dezember

Auch wenn Sie vielleicht nicht immer vor Lebensfreude sprühen – als Schütze-Geborener sind Sie mit einem unerschütterlichen Optimismus ausgestattet. Ihr Element, das Feuer, schürt Ihr cholerisches Temperament und fördert Ihre ehrgeizige Suche nach Idealen, nach Lebens- und Arbeitszielen. Positiv vom Planeten Jupiter bestrahlt, erkennen Sie als Schütze berufliche Chancen recht schnell. Das lässt Sie manchmal hoch fliegende Pläne entwickeln, die dann gelegentlich ohne Rücksicht auf andere und auf die eigene Gesundheit durchgeführt werden. Letzteres bedeutet, dass ein Schütze als Workaholic die Nacht zum Tag machen kann und den Bürostuhl nur noch zu seiner zweiten Lieblingsbeschäftigung, dem Schlemmen, verlässt. Rheumatische Erkrankungen, Hüftleiden, Übergewicht an Oberschenkeln und Hüften, ferner auch Protest der Leber sind dann vorprogrammiert. In jedem Fall hilft Ihnen Ihr Freund – die Natur. Genießen Sie Berge, Meer oder Sandstrand, kurz alles, was Ihnen Weite und Ausdehnung vermittelt.

Krankheitsdispositionen und Heiltees
Rheumatische Beschwerden/Arthrose: Große Klette, Königskerze, Schlüsselblume, Vogelknöterich
Lähmungserscheinungen: Regelmäßige Haferstrohvollbäder, Lavendelblüten in Branntwein ansetzen und damit die lahmen Körperteile einreiben
Hüftgelenkserkrankungen: Homöopathische Essenz aus der Weinrebe „Pampinorum extractum“
Leberschwäche: Artischocke, Fenchel, Mariendistel, Pfefferminze

Alternative Selbsthilfe: Gönnen Sie sich des Öfteren ein gesundheitliches „Highlight“, wie Elektro- und Laserakupunktur, eine Frischzellenkur oder Energie übertragende Therapien, wie Akupressur, Shiatsu und Reiki. Ihre Bewegungstherapie sollte idealerweise auf dem Fahrrad stattfinden, das trainiert die zur Fülle neigenden Schenkel.

Steinbock

22. Dezember – 20. Januar

Im Zeichen des Steinbocks geboren sind Sie – ganz Ihrem Element entsprechend – fest mit der Erde verwurzelt. Tradition, Ordnung und Pflichterfüllung sind keine leeren Phrasen für Sie. Nach dieser Philosophie leben sie, gestärkt vom Planeten Saturn. Gern planen Sie Ihr Leben und das Ihrer Familie minutiös im Voraus. Auf außerplanmäßige Wagnisse lassen Sie sich kaum ein. Wenn die zielstrebig-konsequente Haltung ohne Ausgleich gelebt wird, können sich Beschwerden, hauptsächlich bei Knochen und Gelenken ergeben. In Form von Knochenbeschwerden kehrt die Starrheit des Steinbocks gewissermaßen nach außen, so in unbeweglich gewordenen Gliedern (auch Buckelbildung und lähmende Lendenwirbelerkrankungen), die symbolisch zur Demut zwingen wollen. Ferner neigt der Steinbock zu extremer Hornhautbildung, womit sich sein innerer Wunsch nach Abgrenzung und Eigenschutz zum Ausdruck bringt. In Form von Schuppenflechte kehren sich innere, nicht gelebte Loslösungskonflikte nach außen. Ihr Perfektionsbedürfnis in Ehren, aber zwischendurch sollten Sie auch einmal auf Ihre innere Stimme hören, die Ihnen schon sagen wird, wann sie sich Erholung wünscht.

Krankheitsdispositionen und Heiltees
Gelenkbeschwerden: warme Heublumenauflagen, Arnika, Teufelskralle, Wacholder
Hornhautbildung/Hautschrunden: Hautauflagen mit Engelsüß-Wurzelextrakt, reine Honigauflage (Schicht) auf die betroffenen Hautstellen

Schuppenflechte: Eichenrinde, Gerste, Lein, Zitronenmelisse

Alternative Selbsthilfe: Genießen sie öfter einmal eine Fußreflexzonenmassage, Chiropraktik und Körpertherapien wie Rolfing. Dies sind Behandlungen, die sich lösend und befreiend bei Verhärtungen auswirken. Viele positive Erfahrungen können Sie während Bergwanderungen und einer Fastenzeit machen. Beides entspricht ihrer Neigung, Extremes zu leisten und zu bewältigen.

Wassermann

21. Januar – 19. Februar

Freiheit und Unabhängigkeit sind Ihnen, im Zeichen des Wassermanns Geborenen, wichtig. Ihr Element ist die Luft, und auf Einengung können Sie mit Krampfzuständen reagieren. Das reicht vom Wadenkrampf bis hin zur Epilepsie. Besonders dem Planeten Uranus verdankt dieses Sternzeichen seine Originalität. So kommt es, dass Sie als Wassermann immer auf der Suche nach Neuem und nach zukunftsträchtigen Ideen sind. Die Vielzahl der Ideen macht Ihnen die Entscheidung dann schwer. Ob es um Zielverwirklichung oder um einen unkonventionellen Lebensstil geht – aufgrund äußerer Einflüsse mag sich der Wassermann öfter mal vor Blockaden gestellt sehen, die ihn in seinem freien Lebensfluss hemmen. Körperlich kann sich das in Durchblutungsstörungen, z. B. in Krampfadern und anderen Venenleiden zum Ausdruck bringen. Unterschenkelgeschwüre und offene Beine vermitteln in ihrer Organsprache, dass das persönliche Vorwärtskommen gehemmt ist. Auch nervöse Erkrankungen und Gefühle der Enge wollen ausgeglichen werden. Am besten geht das, wenn Sie sich mal wieder etwas Außergewöhnliches gönnen.

Krankheitsdispositionen und Heiltees

Verkrampfungen: Tee aus Lavendelblüte und Rose im seelischen Bereich, warme Heublumenauflagen im körperlichen Bereich

Wadenkrämpfe: Hauhechel, Heublumen, Majoran, Rosmarin

Nervöse Rastlosigkeit: Tee aus Melisse, Pfefferminze, Linde mit Honig

Venenerkrankungen: Homöopathische Arnikaverdünnung oder Ringelblumenessenz, kalte Auflagen mit Bockshornklee

Unterschenkelgeschwür: Regelmäßige Umschläge mit Ringelblumentinktur, Umschläge mit dem Blätterabsud aus Huflattich.

Alternative Selbsthilfe: Meditationen sind eine sehr gute Möglichkeit für Sie, sowohl zur Entspannung zu finden als auch Klarheit in Ihre „Fantasieküche“ zu bringen. Magnetfeldtherapie, Ultraschallbehandlungen, Ozontherapie, Neuraltherapie, Atemtherapie und Farbbestrahlung wirken sich wohl tuend auf nervöse Verkrampfungen und verschiedene Blockaden im mentalen wie körperlichen Bereich aus.

Fische

20. Februar – 20. März

Wie Ihr Element, das Wasser, sind Sie als Fische-Geborener stimmungsmäßig immer in Bewegung und können sehr emotional und temperamentvoll reagieren. Wenn Sie dagegen innerlich gefestigt sind, bleiben Sie selbst im größten Sturm um Sie herum ruhig und gelassen. Letzteres kann auch das nach außen getragene Trugbild sein. Im Geheimen wird die fehlende Harmonie dann häufig durch Süchte (Essen, Rauchen, Fernsehen, Lesen etc.) auszugleichen versucht. Unbefriedigende Lebenssituationen, die über einen längeren Zeitraum bestehen, können sich in psychischen Erkrankungen manifestieren. Fische neigen dazu, sich für andere zu verausgaben. Unter stetem Stress leidet ihr Immunsystem, woraus Erkältungen resultieren können. Die Lunge als „Verwerter“ aller seelischen Eindrücke, kann ebenfalls mit erhöhter Anfälligkeit reagieren. Mangelndes seelisches Gleichgewicht, wenig Standvermögen und Unsicherheit können sich in verschiedenen Fußproblemen ausdrücken. Eine wichtige Selbsthilfe für Sie ist es, Ihre Gefühle zuzulassen und sie nicht zu unterdrücken.

Krankheitsdispositionen und Heiltees
Erkältung: Ehrenpreis, Heublume, Holunder, Kleine Königskerze, Malve, Pfefferminze, Thymian
Lungenprobleme: Tee von weißer Taubnessel, in Fett gewärmte Zwiebel-Brustauflage (stündlich erneuern)
Nervöse Reaktionen: Tee aus Rose, Johanniskraut, Baldrian, Melisse
Fußbeschwerden: regelmäßige Haferstrohbäder gegen müde Füße, homöopathische Bärlapptinktur gegen Fußgeschwüre, Einreibung geschwüriger Füße mit Ringelblumenrosenbutter

Alternative Selbsthilfe: Musiktherapie, Meditation, Geistheilung und Bachblüten können sehr gut zum Ausgleich Ihrer organischen und nervösen Probleme beitragen. Fußreflexzonenmassage, ansteigende Fußbäder sowie Homöopathie wirken sich nicht nur heilend auf die Füße, sondern auch auf die Psyche aus.

Der Mensch denkt, die Pflanze weiß

In den 60er Jahren machte Amerikas führender Lügendetektor-Experte, Cleve Baxter, eine Entdeckung, die in die Weltpresse einging: Pflanzen können denken. Wie es dazu kam? Baxter hatte eine Zimmerpflanze (eine Draceaena massangeana) an einen Lügendetektor angeschlossen. Beim Menschen registriert der „Polygraph" Blutdruck, Atmung und unwillkürliche Muskelbewegungen und kleine Veränderungen des elektrischen Hautwiderstandes. Während des Verhörs werden die Veränderungen mittels eines Messschreibers festgehalten und ausgewertet. Baxter befestigte die Elektroden an seiner Philodendronpflanze und beobachtete wie die Anzeige des Messschreibers immer mehr sank. Beim Menschen deutete das Sinken einer Kurve darauf hin, dass dieser sich entspannt fühlte. Ob sich eine Pflanze aufregen konnte? Ohne lange zu überlegen, tauchte Baxter dann ein Pflanzenblatt in eine Tasse mit heißem Kaffee. Nichts Nennenswertes tat sich, und der Kriminalist plante daraufhin, drastischer vorzugehen. Er stellte sich vor, das Blatt mit einem Streichholz anzusengen. In diesem Moment schnellte der Messschreiber nach oben. Er verließ das Zimmer, um Streichhölzer zu holen, und als er zurückkam, schlug der Messwert wieder stark aus. Während er das Blatt ansengte, verfolgte er schwächere Ausschläge auf der Skala. Wie er später feststellte, verfügt eine Pflanze über die Fähigkeit in totenähnliche Ohnmacht zu verfallen, weshalb die Ausschläge nur gering waren. Schließlich beschloss er, ein weiteres Ansengen vorzutäuschen. Doch dieses Mal blieben die Messwerte stabil. Die Pflanze konnte offensichtlich genau unterscheiden, ob er die Wahrheit dachte oder nicht. Baxter's Entdeckungen wurde noch von einigen Forschern bestätigt und auf verschiedenste Art ergänzt. Seine Arbeit faszinierte Baxter, und fortan war er fast nur noch mit Stoppuhr und Notizblock unterwegs. So stellte er fest, dass seine Pflanzen seine Gedanken auch über viele Kilometer „lesen" konnten. Just zu der Zeit, in der sich laut seiner Notiz etwas Bemerkenswertes ereignet hatte, war auch auf der Messskala seiner Pflanze ein Ausschlag zu sehen. Das Empfindungsbewusstsein der Pflanze wurde allerdings nicht gestört, als er die Pflanze in eine Faraday'schen Käfig (Bleikammer) stellte. Selbst klein geschnittene Blätter, die er an die Geräte anschloss, reagierten weiterhin. Eine Weiterführung des Versuches war ein Experiment, bei dem eine medial begabte Bekannte von ihm zwei Blätter einer Pflanze abtrennte. Einem davon widmete sie täglich ihre Aufmerksamkeit. Sie hielt es in der Hand, betrachtete es liebevoll und „versorgte" es mit gedanklicher Zuwendung. Nach zwei Wochen war es immer noch grün und frisch. Das andere Blatt beachtete sie nicht, und es welkte in kürzester Zeit. Interessant in Bezug auf Heilpflanzen ist neben diesen Ergebnissen auch die Erkenntnis, dass Pflanzen ein zelluläres Bewusstsein haben. Die Messwerte der angeschlossenen Pflanze reagierten sofort, als Baxter nach einem Schnitt in den Finger die Wunde mit Jod betupfte. Offenbar reagierte die Pflanze auf das Absterben einiger Zellen in Baxter's Finger. Der Forscher erkannte ein besonderes Muster im Diagramm, wie es schon in vorigen Versuchen aufgetreten war, bei denen Pflanzen- oder Tiergewebe zerstört worden war. Einige Forscher bestätigten und ergänzten Baxter's Versuche, die uns eine ganz neue Perspektive im Umgang mit Zimmer-, aber auch mit Heilpflanzen ermöglichen. Einen kleinen, aber wirkungsvollen Schritt in diese Richtung können Sie selbst mit der folgenden Übung gehen.

Mit Heilpflanzen kommunizieren

Für uns ist es das Normalste auf der Welt, einen anderen Menschen um eine Information oder um seine Hilfe zu bitten. Ähnlich kann man auch bei Heilpflanzen vorgehen. Mit diesem kurzen Ritual können Sie nicht nur die Heilkräfte der Pflanze völlig für sich öffnen, sondern Sie bereiten auch Ihren Körper, Geist und Seele auf die optimale Aufnahme der heilenden Wirkstoffe vor.
Nehmen Sie eine Aufgussportion Heilkräuter, z. B. getrocknete Blüten, vor dem Aufgießen in die linke Hand und legen die rechte darüber. Vorratsportionen geben Sie in eine Glasschüssel und halten beide Hände darüber. Auch andere Pflanzenzubereitungen, z. B. Presssäfte, können Sie mit dieser Visualisierungsübung einnehmen. Betrachten Sie die Blüten kurz, schließen Sie dann die Augen, und schenken Sie den Blüten in Ihrer Hand Ihre ganze Aufmerksamkeit. Stellen Sie sich ihre Farbe und Form intensiv vor, während Sie ihren Duft einatmen. Bitten Sie dann die Blüten, Ihnen ihre Heilkraft zur Verfügung zu stellen, z. B. mit den Gedanken: „Lavendel, lass bitte deine Heilkraft in dieses Wasser fließen, ströme in meinen Körper und heile mich." Geben Sie die Blüten dann in das Teeglas. Übergießen Sie sie sehr langsam und stellen Sie sich vor, wie die Heilkraft während der Ziehzeit in das Wasser übergeht. Während des Abgießens der Blüten richten Sie Gedanken des Dankes an die Blüten und stellen sich beim Trinken immer wieder vor, wie deren Heilkraft Sie durchströmt und in Ihnen wirkt. Sehr wirkungsvoll ist es auch, das Trinken des Heiltees mit gezielten gesundheitsfördernden Visualisierungen zu unterstützen. Stellen Sie sich dabei genau vor, was der Tee bzw. das Pflanzenpräparat in Ihrem Körper bewirken soll. Mit ein wenig Übung können Sie solche Visualisierungen sogar in Gesellschaft in Ihrem „Hinterstübchen" ablaufen lassen.

Die Symbolsprache der Heilpflanzen

Wie beredt die stumme Sprache der Pflanzen sein kann, haben die vorangegangenen Kapitel gezeigt. Wer genau hinsieht – und nicht zuletzt in sich hineinfühlt –

der wird auch bald die symbolische Sprache der Pflanzen verstehen. Wie oben, so unten, wie im Großen, so im Kleinen, wie innen, so außen – Heilpflanzen können uns die analogen Betrachtungsweisen nach Hermes Trismegistos auf überzeugende Art näher bringen. Je nach verwendetem Pflanzenteil kann man (sehr vereinfacht gesehen) direkte Rückschlüsse auf die in Bezug stehende Entsprechung zum menschlichen Körper ziehen. Im Wesentlichen treten drei Pflanzenteile hervor. Der untere Teil der Pflanze, die Wurzel, entspricht dem unteren Körperteil des Menschen. Ihr mittlerer Teil, das Blattwerk, steht in Bezug zum mittleren Körperbereich des Menschen. Die Blüten entsprechen dem Oberkörper und dem Kopf. Neben dieser Einordnung bietet die reiche Symbolsprache der Pflanze noch eine Fülle von möglichen Rückschlüssen zum analogen Einsatz beim Menschen. So bringt sich in der Rinde die Symbolik der schützenden Hülle zum Ausdruck. Tatsächlich weisen Rinden auch für unsere schützende Hülle – Haut und Schleimhäute – einige Wirkkräfte auf. Ebenfalls mit Schutz hat die Wirkinformation des Samens zu tun. Als Beispiel sei Tee aus dem Samen des Leins (Flachs) genannt, der die erkrankte Darmhaut schützt und pflegt.

Wurzeln

Mit erstaunlicher Kraft dringen die Pflanzenwurzeln ins Erdreich vor, um Nahrung für die oberen Pflanzenteile aufzuspüren und um außerdem die Pflanze sicher im Boden zu verankern. Ein ganzes Netz von Wurzeln nimmt die kosmisch-irdische Kraft des Feuers, Wassers und der Erde in Form von Wärme, Feuchtigkeit und Biostoffen auf und macht sie durch Aufspaltung für den Pflanzenkörper verwertbar. Ein systematisches Zellsystem transportiert die verflüssigte Nahrung schließlich in Blätter und Blüten der Pflanze.

Wurzelkraft für den Menschen

In ihrer Arbeitsweise ähneln die Wurzeln dem menschlichen Darm bzw. dem Verdauungssystem, das ja ebenfalls Nährstoffe aufnimmt, aufspaltet und damit für den Körper verwertbar macht. So hartnäckig wie Pflanzenwurzeln sogar Beton mit ihrer Kraft durchbrechen können, so tief greifend wirken Wurzelpräparate auch beim Menschen. Sie werden vielfach im Magen-Darmbereich eingesetzt, z. B. die Wurzeln des Ingwers, Kalmus, Enzian usw. Wurzeln vermitteln Kraft und Stärke, was sich bei Abgeschlagenheit, Müdigkeit, bei Regeneration nach Krankheiten und bei einem angeschlagenen Immunsystem positiv bemerkbar macht. Die Symbolik der Wurzel, die „in die Tiefe" geht, findet ferner noch einen weiteren Bezug zum Schlaf. Hier verschafft die Baldrianwurzel dem Menschen die gewünschte Schlaftiefe.

Blätter

Die von den Wurzeln verwertbar gemachten Nährstoffe finden in den Blättern ihren Bestimmungsort und gehen in den kapillaren Säftekreislauf und Stoffwechsel der Blattadern ein. Die ebenfalls aufgenommene Flüssigkeit kreist aber nicht nur in Stielen und Blättern, sie wird auch über die Blattoberfläche nach außen verdunstet. Eine mittelgroße Birke beispielsweise kann pro Tag bis zu 70 Liter Wasser aufnehmen und durch Verdunstung wieder über die Blätter abgeben. Dies geschieht sowohl über die Wurzeln als auch über die Blätter. Neben dem Element Wasser verwerten die Blätter während des Vorgangs der Fotosynthese das Element Luft. Dabei wird durch Lichtquantenabsorption das aufgenommene Kohlendioxid und Wasser zu Sauerstoff und Glukose umgewandelt.

Blätterheilkraft für den Menschen

Der Blattkörper der Pflanze hat, wie man sieht, ähnliche Aufgaben wie die Organe des Menschen. Der kapillare Säftestrom kann mit dem menschlichen Blutkreislauf und der Herzfunktion verglichen werden. Viele Tees aus Blättern, wie Mistel, Weißdorn, Rosmarin etc. fördern die Funktionen des Blutkreislaufs, indem sie ausgleichend oder anregend wirken. Die Fotosynthese schließt den Atmungsvorgang und die Leberfunktion ein. Auch hier gibt es eine Vielzahl an Blättertees, die wegen dieser Wirkung eingesetzt werden. In Bezug auf die Atmungsorgane helfen z. B. Spitzwegerich, Lungenkraut, Huflattich etc. Leberwirksam sind Fenchel, Artischocke, Wermut usw. Daneben wird der menschliche Flüssigkeitshaushalt von wassertreibenden Blättertees angesprochen, wie von Birkenblättern, Brennnesseln und Löwenzahn.

Blüten

In den Blüten spiegelt sich die Krönung des Transformationsprozesses einer Pflanze wider. Aus dem Samenkorn wachsen Wurzeln, Blätter und schließlich eine Knospe, die sich zur Blüte öffnet. Die Blüte ist sehr kostbar und wird von Wurzeln und Blattkörper mit allen in harmonisch umgewandelten, kosmisch-irdischen Elementen genährt. Die schönsten Farbstoffe und duftende, ätherische Öle werden in das zarte Blütengewebe geleitet. Ziel ist es, mit der Blüte die Insektenwelt anzulocken, denn die Blüte trägt wiederum neuen Samen in sich. Die Insekten sorgen durch das Weitertragen des Samens dafür, dass irgendwo wieder ein Lebenskreislauf beginnen und erblühen kann.

Blütenheilkraft für den Menschen

Die Umwandlungssymbolik, wie sie die Entwicklung von der Knospe bis zur Blüte vermittelt, ist ein wichtiger Aspekt in der Heilbehandlung. Sie kann mit vielen Umwandlungsprozessen, die auch der Mensch zu bestehen hat, verglichen werden. Blüten wandeln Nervosität in Ruhe und Harmonie, wie es beispielsweise der Lavendel tut. Blüten bringen auch, wie die Rose oder der Jasmin, Gefühle zum Erblühen. Sie unterstützen körperliche Wandlungsprozesse, so die Zellerneuerung von Organen, Gewebe und Haut. Gerade die Haut als nach außen sichtbare „Krönung“ des Menschen kann von Blüten positiv beeinflusst werden. In den Blüten liegt die Kraft, etwas an die Oberfläche zu bringen. So regen Orangenblüten die innere Antriebskraft an und bringen sie als Tatendrang und Konzentrationskraft an die Oberfläche.

Spagyrik – die spirituelle Entwicklung der Heilpflanzen

Die Spagyrik wird häufig in einem Zuge mit Paracelsus (1493 – 1541), dem Begründer der modernen Naturheilkunde genannt. Er selbst verstand sich allerdings nicht als der tatsächliche Gründer der Methoden zur Veredelung von Pflanzenstoffen, da diese dem schon vor seiner Zeit bestehenden alchimistischen Gedankengut entsprangen. Paracelsus war der Meinung, dass das wahre Wesen einer Heilpflanze erst durch einen Veredelungsprozess erweckt werden musste, um vollendet wirken zu können. Die Kunst der Wandlung steckt denn auch in dem griechischen Namen Spagyrik, was so viel bedeutet wie „trennen und wieder verbinden“. Im vorangegangenen Text wird deutlich, wie viele Komponenten das Wachstum auf kosmischer und irdischer Ebene beeinflussen. Betrachtet man die Methoden der Spagyrik gibt der Mensch sein Bestes hinzu und ergänzt kosmische und irdische Einflüsse noch durch menschliche. Das spagyrische Ritual beginnt mit dem biotopischen Anbau einer Pflanze, der ihren Bedürfnissen entspricht. So benötigt manches Wildkraut für seine optimale Entwicklung eher sauren Boden, ein anderes liebt lehmigen, ein weiteres stark kalkhaltige Erde usw. Entsprechend ihrem individuellen Rhythmus und unter Beachtung der Mondphasen findet die Ernte statt, dann folgt das Trocknen auf Seide. Danach setzt man die Pflanzenteile mit Quellwasser in Glasgefäßen an und lässt sie nach alten Rezepten 7 bis 60 Tage ruhen. Nach Paracelsus soll der Glaskolben maximal 6 Liter Inhalt fassen, was der Blutmenge eines Menschen entspricht. Während der Reifezeit befinden sich die Gefäße in einem oktogonalen (achteckigen) Glashaus, das nach philosophisch-geomantischen und energetischen Kriterien erbaut ist. Jeweils bei Sonnenauf- und untergang werden die angesetzten Flüssigkeiten rhythmisch bewegt, womit das Übergehen der Heilstoffe ins Quellwasser angeregt wird. Nach dem Abfiltern wird das Pflanzenwasser destilliert und in diesem Destillat eine neue Pflanze angesetzt, die ihrerseits die Wirkweise der ersten Pflanze ergänzt und vollendet. Bei allen Vorgängen wird auf Zugabe von Hitze, Druck, Reibung o. ä. verzichtet. Der Einfluss findet auf subtiler Ebene statt, und es sind Sorgfalt, Aufmerksamkeit und Liebe der Spagyriker, die die energetischen Prozesse zur Erweckung der Heilkraft für den Menschen anregen. Man kann sich gut vorstellen, dass uns die Heilkraft in manchem „normalen“ Heilpflanzenpräparat auf Grund seiner Herstellungsweise verschlossen bleibt bzw.

nur zum Teil erschlossen ist. Die Heilpflanze „wirkt“ in diesem Fall nicht oder nicht so intensiv, wie man es sich gewünscht hätte. Achten Sie deshalb auf einen verantwortungsvollen Hersteller, wenn Sie sich ein Fertigprodukt kaufen. Auch wenn es kein spagyrisches Produkt ist, die verständlicherweise recht teuer sind, gibt es verschiedene Möglichkeiten, wie Sie selbst die Heilkraft eines Präparates und natürlich auch eines Tees etc. positiv beeinflussen können. Man muss dazu weder Hexenkräfte noch Zauberkünste besitzen, wie die folgende Meditation beweist.

Teemeditation

Auf der Kräuterwiese: Ich gehe einen sonnigen Waldweg entlang und bin neugierig, wohin mich die Abzweigung führt. Vielleicht an einen schönen Platz für eine Rast während meiner Wanderung? Schon von weitem sehe ich, wie bunte Blumen und Gräser sich im Wind wiegen. Ihr Duft weht mir sanft entgegen. Mit jedem Schritt freue ich mich über eine neue Duftnuance. Beschwingt schlendere ich zu der Wiese und staune: So weit ich blicken kann, umgeben mich Kräuter. Hier duftet es nach Zitronenmelisse, dort nach Lavendel und Veilchen, dazwischen blühen goldgelbe, honigduftende Kamillen.

Vorsichtig breite ich meine Decke aus und genieße es, inmitten der heilenden Kräuter zu sitzen. Dann packe ich meinen mitgebrachten Tee aus. Zartgolden fließt er in das Teeglas, und ich trinke ihn langsam Schluck für Schluck. Angenehm warm fließt er durch meine Kehle. Es ist, als ob sich seine goldene Farbe in meinem ganzen Körper ausbreitet, in alle meine Organe fließt. Mein Blut, all meine Zellen sind nun golden durchströmt, und ich fühle tiefe Harmonie in mir.

Ich nehme die blühende, duftende Wiese um mich herum wieder wahr. An einem solchen Ort mögen die Kräuter in meinem Tee auch einmal gestanden haben – sonnenbeschienen und von einem leichten, fast zärtlichen Wind umweht. Die Kräuter und Grashalme scheinen mit dem Wind zu tanzen, wie leicht und anmutig sie sind. Bei ihnen die bunten Schmetterlinge, die von Blume zu Blume schweben und sich von ihnen hin- und herwiegen lassen. Ich beobachte sie eine Weile und strecke mich dann entspannt aus.

Ich genieße den warmen, duftenden Lufthauch, der aus der Kräuterwiese zu mir strömt. Er umfächelt meine Haut, und ich wende mein Gesicht der duftenden Fülle zu. Aus ihren Blüten, Blättern, Rispen und Stängeln strömen feinste Energiestrahlen zu mir, und ich öffne mich ihnen freudig. Ich atme die Kräuterenergie ein und spüre, wie mein Geist sich von allen Belastungen löst. Ich bin wach und doch angenehm entspannt. Die Kräuterenergie fließt in meine Poren, strömt in mein Gewebe, erfüllt meinen ganzen Körper und all meine Sinne. Ich fühle mich leicht und frei und völlig im Einklang mit der Natur. Mit diesem kraftvollen Gefühl mache ich mich froh auf den Heimweg und komme innerlich gefestigt wieder ins Hier und Jetzt zurück.

Heilpflanze oder Chemiepille?

Heilpflanze oder Chemiepille? Diese und viele andere Fragen liegen Ihnen sicher schon auf der Zunge. Deshalb soll dieses Kapitel, in dem Sie viel Hintergrundinformation über Heilkräuter finden, auch von einer „Fragestunde" eröffnet werden. Diese erste Frage, ob Heilpflanze oder Chemiepille, nur mit Ja oder Nein zu beantworten, würde beiden Methoden nicht gerecht. Prinzipiell kann man raten, vor dem schnellen Griff zum Pillenröhrchen zunächst einmal die Kräuterdose aus dem Schrank zu holen. Nicht zuletzt kann die Kräuterbehandlung eine medizinische Behandlung auch sehr gut ergänzen. Die folgenden Ausführungen geben zu diesem Thema noch mehr Aufschluss.

Wie wirken Heilkräuter?

Das Wirkprinzip der Heilpflanzen unterscheidet sich von dem der chemischen Waffen. Letztere sind dazu gemacht, das Kranke abzutöten. Der Körper nimmt dabei eine passive Haltung ein, er lässt sich gesund machen – oder auch nicht. Heilpflanzen dagegen aktivieren die Selbstheilungskräfte im Menschen. Nach einer möglichen Erstverschlechterung beginnt während des Heilprozesses die Aufbauphase, in der der Körper neue Kräfte sammelt. Nach dem Ausheilen geht der Körper gestärkt aus der Behandlung hervor. Bei einer chemischen Therapie ist ein solcher Verlauf nicht immer der Fall. Häufig ist der Organismus sogar stark von den Medikamenten in Mitleidenschaft gezogen und regeneriert erst einige Zeit nach der chemischen Behandlung wieder. Neben diesen direkten körperlichen Auswirkungen wecken wir mit Kräuterbehandlungen das intuitive Verständnis für die Reaktionen des eigenen Körpers. Und wie tief ist die persönliche Befriedigung, wenn wir es „selbst" geschafft haben, uns mit Kräutern zu heilen. Wir fühlen uns unserem Ursprung ganz nahe und sind eins mit unserer inneren Heilkraft. Und gerade dieses starke innere Gefühl ist sehr wertvoll zur Förderung und Erhaltung der Gesundheit.

Wann Eigentherapie, wann zum Arzt?

Sie sollten Ihre Beschwerden dem Arzt schildern, wenn Sie nach drei- bis viertägiger Teekur noch keine Besserung spüren oder wenn eines der folgenden Symptome auftritt:

- hohes Fieber
- Herz- und Kreislaufbeschwerden
- starke Schmerzen
- zeitlich begrenzte und wiederkehrende Beschwerden
- Wiederauftreten der Beschwerden nach Absetzen des Tees
- Hautreaktionen, z. B. stark erhöhte Lichtempfindlichkeit
- Kopfschmerzen, Durchfall und Übelkeit
- Schleimhautveränderungen

Heilkräuter bei fortgeschrittenen Leiden?

Auch bei fortgeschrittenen, verschleppten oder chronischen Krankheiten können Heilkräuter eingesetzt werden. Beispielsweise kommt einem seit Jahren erhöhten Cholesterinspiegel die blutreinigende, entschlackende Wirkung mancher Heilpflanzen sehr zugute. Und nach konsequenter Teebehandlung, z. B. nach einer Teefastenkur (siehe Kapitel „Teefasten contra Krankheit und Übergewicht“), hören sich die Blutwerte meist wesentlich erfreulicher an. Wie erwähnt, können Heilkräuter auch die medikamentöse Behandlung effektiv ergänzen.

Ist gegen jede Krankheit ein Kraut gewachsen?

So Unrecht hat das alte Sprichwort gar nicht. Immerhin sind weltweit mehr als 10.000 Heilpflanzen bekannt. Die Zahl steigt ständig, da mehr und mehr exotische Heilkräuter, die so genannte „Urwaldmedizin“ auch bei uns bekannt, getestet und eingesetzt wird. Einige Sorten können Sie in diesem Buch entdecken.

Wie sieht die ideale Selbstbehandlung aus?

Idealerweise ergänzen Sie die innerliche bzw. äußerliche Kräuterbehandlung mit weiteren ganzheitlich orientierten Maßnahmen. Das kann beispielsweise die Umstellung der Ernährung bedeuteten, weniger Nikotin, weniger Alkohol, dagegen mehr Vitamine, mehr Bewegung usw. Einige Vorschläge dazu finden Sie bei der jeweiligen Krankheitsbeschreibung.

Welche Mengen sollte man zu sich nehmen?

Bei den Rezepten ist jeweils eine ideale Tagesmenge angegeben, durchschnittlich sind das 2 – 4 Tassen von einem Heilkräutertee. Eine Überdosierung oder eine wilde Kombination verschiedener Tees umd somit der zum Teil sehr wirkungsvollen Pflanzen, kann einige unangenehme Reaktionen des Organismus, z. B. Kopfschmerzen, Herz-Kreislaufprobleme, Übelkeit etc. hervorrufen. Wie bei jeder Medizin gilt auch für die Kräuterheilkunde – viel hilft nicht viel.

Wie bereitet man perfekt Tee zu?

Es gibt eine historische Maßeinheit zur Teezubereitung, und die lautet: „Man nehme so viel Tee für eine Tasse, wie man zwischen drei Fingern fassen kann“. Die Menge entspricht dem Standardmaß: 1 bis 2 TL des jeweiligen Tees bzw. der Teemischung pro Tasse Teeaufguss (ca. 150 bis 200 ml). Geben Sie den Tee immer zuerst in die Teekanne, dann wird mit heißem, warmem oder kaltem Wasser (je nach Anwendungswunsch) aufgefüllt. Die Ziehzeit des Tees liegt zwischen 5 und 10 Minuten, Grünteesorten auch kürzer (1 bis 3 Minuten). Grundsätzlich gilt: Je zarter die Blätter oder Blüten und je hochwertiger der Tee, desto niedriger sollte die Wassertemperatur sein, um empfindliche Inhaltsstoffe nicht zu zerstören.

Können Heilkräuter Nebenwirkungen haben?

Wie jede andere Medizin sollte auch die „Medizin der Natur“ mit Bedacht, das heißt, im richtigen Maß, zur richtigen Zeit und zeitlich begrenzt eingesetzt werden. Länger als 6 bis 8 Wochen sollte die

Eigenbehandlung mit Heilkräutern nicht dauern. Wie der Name schon sagt, sind Heilkräutertees zum Heilen da und nicht zum regelmäßigen Einsatz als Haustee. Zu Letzterem neigt man verständlicherweise, wenn man mit einem bestimmten Tee sehr gute Erfolge erzielt hat. Setzen Sie nach einer mehrwöchigen Teekur bzw. früher, nach eingetretener Heilung, den Tee schrittweise über etwa 3 Tage ab. So kommt es nicht zur Gewöhnung im Organismus, und die Heilpflanze wird Ihnen auch zukünftig zuverlässig helfen.

Was tun bei Pflanzenallergie?

Wie viele chemische Bestandteile können auch manche Pflanzen Allergien auslösen. Beispielsweise kann die Haut mit Rötungen, Flecken, Juckreiz und Bläschenbildung reagieren. Ob tatsächlich eine Allergie gegen die Pflanze vorliegt, kann nur der Arzt durch einen Allergietest feststellen. Den allergieauslösenden Stoff sollten Sie dann meiden und ggf. eine andere Heilpflanze für Ihre Beschwerden einsetzen.

Ist ein Wechsel der Heilkräuter angebracht?

Wie erwähnt, sollte es zu keinem Gewöhnungsprozess mit einer Heilpflanze kommen. Das können Sie verhindern, indem Sie verschiedene, Ihrem Problem entsprechende Heilpflanzen einsetzen. Allerdings gilt es auch hier, nach einer mehrwöchigen Teekur eine Pause einzulegen.

Wie kann man Heilkräuter zur Vorbeugung nutzen?

Viele Beschwerden, wie PMS-Syndrom, Wechseljahrsprobleme, Kopfschmerzen usw. können einen regelmäßig oder ab und zu plagen. Beobachten Sie Ihren Körper und seine Reaktionen, um festzustellen, wann die Beschwerden verstärkt auftreten. Hier können Sie rechtzeitig vorbeugen, in dem Sie mehrere Tage vor den erwarteten Symptomen mit der Heilkräuterbehandlung beginnen. Daneben kann man mit Heilkräutern manches Problem, z. B. Kopfschmerzen auflösen, bevor der beginnende Druck im Kopf sich mehr und mehr aufbaut. Sehr gut und rechtzeitig kann man auch Verdauungsproblemen oder allen nervösen Störungen vorbeugen. Entsprechende Vorschläge finden Sie im Indikationskapitel.

Welche Arten der Kräuterzubereitungen gibt es?

Kräuter können als Teeaufguss, ätherisches Öl, Absud, Kaltauszug, Presssaft, Tinktur, Sirup und Wein eingesetzt werden. Die Zubereitungsarten sind im Kapitel „Heilkräftige Kräuterzubereitungen“ detailliert beschrieben.

Wie kann man Kräuter anwenden?

In Form der oben genannten Zubereitungsarten können die Heilkräuter gezielt innerlich und äußerlich angewandt werden. Beispielsweise können Sie den Tee gegen unreine Haut sowohl trinken als auch eine äußerliche Kräuterbehandlung durchführen. Dazu finden Sie in den

Kapiteln über „Indikationen“ viele Anregungen und Rezepte. Die Heilkräuter können zum Gurgeln oder als Klistier verwendet werden, ferner äußerlich als Wickel, Kompresse, Kräuterkissen, Dampfbad oder als Sitz-, Teil- oder Vollbad. Anregungen, wie und wann die eine oder andere Anwendung zum Einsatz kommen sollte, finden Sie im Kapitel „Heilkräuter gezielt einsetzen“.

Heilkräftige Kräuterzubereitungen

Die unterschiedlichen Zubereitungsarten von Heilpflanzen machen eine individuelle und gezielt auf die Beschwerden ausgerichtete Behandlung möglich. Aus der alten Volksheilkunde sind viele erprobte Rezepte überliefert, die von aktuellen Erkenntnissen über die Wirkweise von Heilkräutern noch ergänzt werden. Nachfolgend werden verschiedene Zubereitungen beschrieben; als Maßeinheit gelten: TL = Teelöffel, EL = Esslöffel.

Teeaufguss

Beim „normalen“ Teeaufguss werden getrocknete (oder frische), zerkleinerte Kräuter mit kochendem Wasser übergossen. Lassen Sie den Aufguss je nach Empfehlung im Kapitel „Indikationen“ 2 – 10 Minuten ziehen und filtern die Kräuter dann ab. Besonders bei zarten Blüten und bei grünem Tee ist das Aufgießen mit heißem, aber nicht kochendem Wasser ratsam, um empfindliche Inhaltsstoffe, wie ätherische Öle und Enzyme weitmöglichst zu erhalten. Einen Teeaufguss können Sie aus Blüten, Blättern und Samen und Wurzeln bereiten.

Abkochung/Absud

Eine (angegebene) Menge getrockneter oder frischer Kräuter wird in kaltes oder kochendes Wasser gelegt. Unter ständigem Rühren die Mischung 1 – 3 Minuten bzw. bis zu 30 Minuten (je nach Rezept) aufwallen. Auf diese Weise werden Gerb-, Bitter- und Mineralstoffe freigesetzt, die für manche Anwendungen benötigt werden. Das Verfahren wird hauptsächlich bei härteren Pflanzenteilen (Wurzeln, Rinde, Holz, Stängel) angewandt, da sie langsam lösliche Stoffe enthalten.

Kaltauszug

Zerkleinerte Pflanzenteile werden mit kaltem Wasser aufgegossen, dann lässt man sie mindestens 3 bis 8 Stunden (gelegentlich umrühren) in einem Krug ziehen. Um die Keimmenge zu reduzieren, sollten Sie das Wasser zuvor abkochen und wieder abkühlen lassen. Kräutermenge und Auszugsdauer variieren, achten Sie auf die Hinweise des Anbauers bzw. auf die hier angeführten Rezepte. Am besten lässt man den Krug über Nacht an einem kühlen Ort stehen und filtert die Kräuter am nächsten Morgen ab. Der Kaltauszug ist ein schonendes Verfahren, bei dem ätherische Öle, Enzyme, Schleimstoffe etc. weitgehend erhalten bleiben, der Gerbstoffgehalt aber niedrig bleibt.

Presssaft
Saftreiche, frische und zerkleinerte Pflanzenteile, z. B. Artischocken, können Sie in der elektrischen oder mechanischen Saftpresse pressen. Sie erzielen mit dieser Methode einen hoch konzentrierten und wirkungsvollen Pflanzensaft, den Sie nur verdünnt mit Wasser einnehmen sollten. Am besten ist es natürlich, wenn Sie den Saft täglich frisch pressen. Ansonsten in einer verschlossenen Flasche im Kühlschrank aufbewahren. Presssäfte sind auch fertig erhältlich, meist aber unter Beigabe von Zucker und/oder Alkohol, die der Haltbarmachung dienen. Je nach Leiden, wie etwa bei Diabetes, kann das unerwünscht sein, und man sollte dies beim Kauf beachten.

Tinktur
Bei einer Tinktur werden die getrockneten zerkleinerten Pflanzenteile in einen Krug gelegt und mit so viel 50 – 70-%igem Alkohol aufgegossen, bis die Blätter völlig bedeckt sind. Lassen Sie den Kräuteransatz verschlossen mindestens 10 Tage, besser drei, vier Wochen an einem lichtgeschützten Ort ziehen. Die Pflanzenmasse sinkt während dieser Zeit zusammen und wird mehrmals abgefiltert, damit keine Rückstände in der Tinktur bleiben. Theoretisch ist die Tinktur nun fertig zur Anwendung. Ihre Wirksamkeit und ihr Geschmack bessert sich aber noch, wenn Sie sie nun ca. 6 Wochen kühl und dunkel gestellt ruhen lassen und danach noch einmal durch einen Feinfilter abfiltern. In manchen Rezepten soll allerdings nicht abgefiltert werden. Dann nehmen Sie von der überstehenden Flüssigkeit regelmäßig eine kleine Menge (10 bis 20 Tropfen) ein. Die Tropfenmenge sollte mit dem Arzt oder Heilpraktiker abgesprochen werden.

Sirup
Vermischen Sie je zu gleichen Teilen Teeaufguss, Absud oder eine alkoholische Kräuterzubereitung mit braunem Rohrzucker (z. B. ½ Liter Flüssigkeit auf 500 g Rohrzucker oder 500 g Honig) und kochen Sie die Mischung so lange, bis sie leicht dickflüssig wird. In Flaschen umgefüllt und verschlossen aufbewahrt, können Sie einen Heilkräutersirup lange (im Kühlschrank) aufbewahren. Je nach Rezept nimmt man 1 – 2 TL Sirup 2 bis 3 mal täglich oder gibt ihn in kleinen Mengen über Speisen.

Pulver
Die getrockneten Pflanzenteile werden im Mörser ganz fein zerrieben. Vom Fachmann hergestellte Pulver haben den Vorteil, dass sie – auf Grund des besseren technischen Geräts – wirklich sehr fein und ohne kleine Stängelreste etc. sind. Meist rasch wirksam (z. B. bei Verdauungsproblemen) ist es, das Pulver in kleinsten Mengen direkt in dem Mund zu geben und vor dem Schlucken gut einzuspeicheln. Ferner können Sie das Heilkräuterpulver auch in Wasser einrühren oder es über Speisen geben.

Extrakt
Aus frischen oder getrockneten Pflanzen, ebenso aus Presssäften, werden mit Hilfe von Wasser, Weingeist oder Äther eingedickte Pflanzenauszüge hergestellt. Da sie hochkonzentriert sind, werden die Extrakte in Arzneimittel oder Kräuterkosmetik etc. eingearbeitet.

Ätherische Öle
Aus den frischen Blüten, getrockneten Blättern, zerriebenen Stängeln oder Wurzeln werden, meist durch Wasserdampfdestillation, ätherische Öle gewonnen. Bei dieser Methode liegt das Pflanzenmaterial in einem Behälter, durch den Wasserdampf strömt. Im Dampf lösen sich die in der Pflanze gebundenen duftenden Öle und steigen mit dem Dampf auf. Der Dampf trägt die Öle mit sich in ein Kühlrohr und schlägt sich als Flüssigkeit darauf nieder. Die Flüssigkeit strömt in ein Auffangbecken, wo sich das Öl, da es leichter ist als Wasser, auf der Oberfläche sammelt und abgeschöpft werden kann. Bei der Wasserdampfdestillation entstehen nebenbei auch Blütenwässer, z. B. Rosen- oder Orangenblütenwasser, die ebenfalls eingesetzt werden. Ätherische Öle werden in Minimengen (tropfenweise) eingesetzt und sind bei äußeren Behandlungen sehr wirkungsvoll. Sie können sie in Pflanzenöle zur Körpermassage mischen, als Kompresse auflegen, in die Aromalampe geben, in Wasser zum Gurgeln oder mit Honig verrührt einnehmen, als Dampfbad inhalieren etc. Achten Sie beim Einsatz von Aromaölen unbedingt auf die 100 %-ige Reinheit des Produktes (Wichtige Aufschrift: 100 % naturrein). Nur so können Sie seine spezifische Heilwirkung erfahren.

Heilkräuter gezielt einsetzen

Neben dem Trinken von Heiltees können Sie die Heilkraft der Kräuter durch verschiedene Anwendungsmöglichkeiten innerlich und äußerlich nutzen.

Gurgeln: Bei Entzündungen der Atemwege, der Mundschleimhaut, des Zahnfleisches oder bei schlechtem Mundgeruch empfiehlt es sich, häufig zu gurgeln. Geeignet sind leicht erkaltete Teeaufgüsse, 1 : 1 mit Wasser verdünnte Absude oder Kaltauszüge sowie 3 – 5 Tropfen ätherisches Öl pro Glas Wasser.
Pulver: Die getrocknete, klein gestoßene oder gemahlene Heilkräutermasse wird in kaltes oder heißes Wasser eingerührt oder als kleine Prise über bestimmte Nahrungsmittel gestreut. Es gibt auch Rezepte zur äußerlichen Anwendung bei Wunden und Hautkrankheiten oder zum Einarbeiten in Kosmetika.
Klistier: Gegen Verstopfung, als Entschlackungshilfe zur Fastenunterstützung, bei Darmparasiten, zur Pilzbekämpfung, bei Hämorrhoiden usw. kann sich ein lauwarmer, verdünnter Teeaufguss als Klistier positiv auswirken. Je nach Leiden können unterschiedliche Heilkräuter eingesetzt werden.
Wickel: Je nach Art der Beschwerden

sind warme oder kalte Wickel eine wirkungsvolle äußerliche Behandlung. Tränken Sie dazu ein dünnes Tuch mit heißem oder erkaltetem Absud und umwickeln das betreffende Körperteil damit. Dann wickeln Sie noch ein trockenes Handtuch (evtl. gewärmt) um die feuchte Auflage und lassen den Wickel etwa 1 bis 2 Stunden wirken. Sollen trockene Wickel eingesetzt werden, können Sie dazu Kräuterkissen erwärmen (z. B. im Backofen, auf der Heizung oder auf der heißen Bettflasche) und auflegen oder ätherische Öle auf ein trockenes Tuch träufeln.

Kompressen: Warme oder kalte Kompressen stellen eine wohl tuende, äußerliche Behandlungsweise dar, die zur Linderung verschiedener Beschwerden beitragen kann, z. B. bei Kopfschmerzen, Wunden und Sportverletzungen.

Heublumensack: nach Pfarrer Kneipp. Das Heu von pflanzenreichen Wiesen bzw. der Ausfall während der Heueinlagerung wird in einen Sack oder Beutel aus grobem Leinen gefüllt (½ – ⅔ voll). Die Größe richtet sich nach der Auflagefläche (z. B. Rücken, Brust). Der Heublumensack wird kurz in Wasser aufgekocht, leicht ausgedrückt und so warm wie möglich auf die Problemstelle aufgelegt und mit einem wollenen Schal etc. fest umwickelt. Solange der Heublumensack Wärme abgibt (ca. 20 – 30 Minuten), soll er auf der Haut verbleiben.

Kräuterkissen: Intensiv duftende Blüten und Blätter (z. B. Heublumen oder Lavendel) werden in ein dünnes Baumwoll- oder Leinensäckchen gefüllt und dieses gut verschlossen eingesetzt. Es wird z. B. als duftende „Einschlafhilfe“ neben oder unter das Kopfkissen oder als trockene Auflage, etwa bei Darmkrämpfen, verwendet.

Dampfbad: Geben Sie 2 – 3 EL getrocknete Kräuter, Blüten oder Blätter in eine Schüssel und übergießen die Masse mit 1 bis 2 Litern Aufguss. Der aufsteigende Dampf wird ca. 10 Minuten inhaliert. Beliebt ist diese Methode bei Erkältungskrankheiten, bei Nasen- und Atemwegsbeschwerden oder zum Öffnen der Poren vor einer Gesichtsreinigung. Damit sich der Dampf nicht so schnell verflüchtigt, wird ein Handtuch über den Kopf gelegt, das auch die Schüssel abdeckt.

Sitz-, Teil- und Vollbäder: Etwa 1 bis 5 Liter eines heißen Kräuteraufgusses, eines Absuds oder eines Kaltauszugs werden dem Badewasser zugegeben. Als Ersatz können Sie tropfenweise ätherische Öle einsetzen. Für Teilbäder ca. 3 bis 5 Tropfen, für Vollbäder bis zu 15 Tropfen. Bei Mischungen verschiedener Aromaöle sollte die Gesamtanzahl nicht erhöht werden. Da ätherische Öle leicht flüchtig sind, sollten Sie die Tropfen in die bereits gefüllte Wanne geben. Während des Bades finden die Wirkstoffe der Kräuter ihren heilenden Weg auf unterschiedliche Weise. Über die Nase gleicht der Duft die Stimmungslage aus, über den Atem strömen die Wirkstoffe in die Lunge und werden vom Lungenkreislauf weitertransportiert. Über die Haut und Schleimhaut finden die Wirkstoffe zu Muskeln und Gewebe und fließen in den Blut -und Lymphstrom ein.

Inhaltsstoffe der Heilkräuter

Während ihres Wachstums sind Heilpflanzen kreative Verwerter der Substanzen, die sie aus dem Boden aufnehmen. Ökologische Anbauweise, Kultur und zeitgerechtes Ernten sind deshalb wichtige Qualitätsmerkmale, auf die Sie beim Kräuterkauf (im Fachhandel) achten sollten. Das Vorkommen bzw. die Konzentration der Biostoffe ist in den einzelnen Pflanzenteilen unterschiedlich, wie im Kapitel „Heilpflanzen – Hüterinnen der kosmisch-irdischen Heilkräfte" beschrieben. Entsprechend dem Problem werden Wurzeln, Blätter, Blüten, Samen oder Rinden zur Kräuterbehandlung verwendet. Je nach vorherrschendem Inhaltsstoff bzw. auf Grund ihrer Wirkstoffkombination, besitzt die Pflanze meist mehrere Wirkeigenschaften. Aus manchen Pflanzen wird ihr Hauptwirkstoff isoliert und zur Medikamentenherstellung eingesetzt, wie z. B. das Digitalisglykosid aus der Fingerhut-Pflanze für Herzmittel. Man nimmt dabei in Kauf, dass sich der Stoff in seiner Wirkung ändert, oft stärker wird und sich auch Nebenwirkungen ergeben können. Vor der Einnahme eines Pflanzenpräparates sollten Sie sich von einer kräuterkundigen Fachkraft, z. B. in der Apotheke oder von Ihrem Arzt oder Heilpraktiker beraten lassen. Beim Einsatz von Heiltees und den verschiedenen Kräuterzubereitungen und Einsatzweisen kommt es nicht nur auf einen speziellen Inhaltsstoff an. Die Wirkung beruht meist auf der naturharmonischen Kombination aller Inhaltsstoffe. Es gibt eine immense Zahl an Kräutersubstanzen, die hier nicht alle aufgelistet werden können. Die Wichtigsten und für die beschriebenen Indikationen Maßgeblichen können Sie nun aber kennen lernen, ebenso Beispiele von Heilpflanzen, in denen sie vermehrt enthalten sind.

Alkaloide: sind stickstoffhaltige Verbindungen mit basischem Charakter, die zu den wirkstoffreichsten Elementen der Pflanzentherapie zählen.
Heilkräftige Wirkung: vor allem auf das Nervensystem, manche Alkaloide steigern die Drüsensekretion, Hirndurchblutung, Gallensekretion etc. So genannte „Pyrrolizidin-Alkaloide" umfassen Wirkstoffe, die nur auf ärztlichen Rat hin gezielt und zeitlich beschränkt eingesetzt werden sollten, da sie giftig sind. In Heidelbeerblättern, Geißraute und in Bohnenschalen sind Alkaloide, die den Blutzuckergehalt senken können.
Enthalten in: Heidelbeerblättern, Schöllkraut, Bockshornklee, Erdrauch, Mistel, Walnussblättern, Zinnkraut, Bohnenschalen, Geißraute.

Ätherische Öle: sind intensiv duftende Kohlenwasserstoffverbindungen in Pflanzen, die sich wiederum aus einer Vielzahl von Inhaltsstoffen (derzeit sind etwa 100 bekannt) zusammensetzen. Durch Wasserdampfdestillation können die ätherischen Öle aus verschiedenen Pflanzen-

teilen entzogen werden. Als flüssiges Produkt lösen sie sich in fetten (Pflanzen-) Ölen auf.
Heilkräftige Wirkung: sehr unterschiedlich; von beruhigend bis anregend; regenerierend; ausgleichend auf das Nervensystem; im körperlichen Bereich leicht desinfizierend; verdauungsanregend; wassertreibend, stärkend auf das Immunsystem usw.
Reichlich in: Pfefferminze, Rosmarin, Thymian, Lavendel, Basilikum, Dill, Fenchel, Anis, Kamille, Rose, Orange, Knoblauch.

Gerbstoffe: in Pflanzen weit verbreitet. Sie bewirken einen Schutz der Pflanzen gegen Fäulnis, Schädlinge und Tierfraß. Sie haben eine stark adstringierende Wirkung, also einen zusammenziehenden bis gerbenden Effekt. Auf Haut und Schleimhaut wirken sie entquellend und stillen kleinere Blutungen.
Heilkräftige Wirkung: auf Wunden, Schürfungen und Hautentzündungen, Schleimhautreizungen, auch bei Durchfall und Darmkatarrhen wegen ihrer entzündungs- und bakterienhemmenden, zusammenziehenden und beruhigenden Wirkung.
Reichlich in: Eichenrinde, Heidelbeeren, Salbeiblättern, Schwarztee, Walnussblättern, Weide, Johanniskraut, Rosmarin, Tormentille.

Glykoside: auch Glukoside genannt, sind ätherartige Verbindungen, die in mehrere Untergruppen eingeteilt werden, wozu z. B. die Saponine (siehe dort) gehören. Glykoside spalten sich bei Wasseraufnahme in einen zuckerhaltigen und einen nicht zuckerhaltigen Baustein. Die hauptsächliche Wirkung geht von dem Nichtzucker-Baustein aus.
Heilkräftige Wirkung: auf Herz, Kreislauf, Verdauung, Schweißdrüsen.
Reichlich in: Fingerhut, Bärentraubenblättern, Sennesblättern, Malve, Lindenblüten, Tausendguldenkraut, Waldmeister, Knoblauch, Veilchen.

Bitterstoffe: Unterschieden werden drei Arten von Bitterstoffen: 1. reine „Amara“, 2. „Amara aromatica“ (in ätherischen Ölen), 3. die bitter-scharfen „Amara acria“. Neben ihrer hauptsächlichen Wirkung auf das Verdauungssystem sollen sie die Aufnahmefähigkeit des Körpers auch für andere Stoffe steigern.
Heilkräftige Wirkung: Reine „Amara“ fördern die Verdauung und Magensaftsekretion, wirken Blähungen entgegen, machen Speisen bekömmlicher, wecken den Appetit. Ferner werden sie zur allgemeinen Kräftigung, z. B. nach Krankheiten und Kreislaufbeschwerden eingesetzt. Die „Amara aromatica“ beeinflussen hauptsächlich die Funktion von Gallenblase und Leber und wirken antibakteriell. Die „Amara acria“ wirken sich positiv auf die Verdauung sowie Herz und Kreislauf aus.
Reichlich in: Artischocke, gelber Enzian, Löwenzahn, Mistel, Wermutblättern, Kalmuswurzeln, Engelswurz, Huflattich, Mariendistel, Schafgarbe.

Kieselsäure: spielt beim menschlichen Skelettaufbau, in Muskeln und Bindegewebe eine wichtige Rolle und gibt auch der Pflanze in Wurzeln und Stängeln Halt.
Heilkräftige Wirkung: festigend und elastizitätsfördernd auf erschlafftes Bindegewebe, bei Cellulite, zur Hautbehandlung. Regenerierende und aufbauende Wirkung auf Sehnen, Muskeln und Knochen, was sich bei krankheits-, altersoder verschleißbedingten Beschwerden positiv bemerkbar macht.
Reichlich in: grünem Tee, Bohnenschalen, Acker-Zinnkraut, Schafgarbe, Vogelknöterich.

Saponine: gehören zur Gruppe der Glykoside und bilden beim Schütteln in einer wässrigen Lösungen einen seifenartigen Schaum, der ihnen den Namen gab. Eine Untergruppe bilden die steroiden Saponine, die in ihrer Struktur den menschlichen Hormonen ähnlich sind.
Heilkräftige Wirkung: schleimlösend bei Husten, Schnupfen und grippalen Infekten. Im Magen-Darmbereich verbessern sie die Durchlässigkeit der Schleimhäute und ermöglichen so die raschere Aufnahme anderer Stoffe. Sie regen die Nierentätigkeit an, hemmen Entzündungen und harmonisieren das Hormonsystem (steroide Saponine).
Reichlich in: Malve, Süßholzwurzel, Veilchenwurzel, Königskerze, Goldrutenkraut, Schlüsselblume, Lungenkraut, Birkenblätter, Ginseng.

Schleimstoffe: In wässriger Flüssigkeit eingelegt, besitzen die kohlenhydrathaltigen Pflanzenschleimstoffe zum Teil hohes Quellvermögen, und es bildet sich eine gelartige Flüssigkeit, die in verschiedenen Körperbereichen als „Schutzschild" wirksam wird.
Heilkräftige Wirkung: beruhigend auf gereizte Schleimhäute, z. B. bei Halsinfektionen und Darmentzündungen. Der Schleim legt sich schützend und beruhigend über die empfindlichen Zonen und fördert so den Heilungsprozess. Ferner wird das intensive Quellvermögen, so z. B. des Leinsamens, zur Verdauungsförderung genutzt.
Reichlich in: Leinsamen, Algen, Eibisch, Huflattich, Isländisch Moos, Königskerze, Leinsamen, Malve, Spitzwegerich.

Flavonoide: sind heilkräftige Pflanzenfarbstoffe, wobei fett- und wasserlösliche Arten unterschieden werden. Bekannt sind etwa 2000 Flavonoide, dazu zählen die gefäßwirksamen Stoffe Rutin, Quercetin, Hesperidin, Naringin etc.
Heilkräftige Wirkung: Flavonoide spielen sozusagen eine Vermittlerrolle zwischen den einzelnen Biostoffen, da sie deren Zusammenspiel fördern bzw. regulieren. Hervorzuheben ist ihre blutgerinnungs- und entzündungshemmende, gefäßstärkende, krampflösende und leberschützende Wirkung. In der Medizin werden sie in Venen- und Varizenmitteln eingebaut.
Reichlich in: Bohnenschalen, Buchweizen, Birkenblättern, Holunder, Kamille, Mariendistel, Weißdorn.

Mineralien, Vitamine und Enzyme: sind wichtige Pflanzensubstanzen, die sich in ihrer Wirkweise im menschlichen Körper gegenseitig anregen bzw. ergänzen. Die Anteile variieren je nach Pflanze und Pflanzenteil.
Heilkräftige Wirkung: ganzheitlich und vielseitig wirksam, z. B. antriebsfördernd (Eisen); fettabbauend (Enzyme); harntreibend (Kalium); abwehrsteigernd (Vitamin C); hautschützend (Provitamin A); krampflösend (Magnesium); gefäßwirksam (Rutin) usw.
Reichlich in: Hagebutte, Orange, Apfel, Artischocke, Bärlauch, Bockshornklee, Brennnessel, Erdbeeren, Heidelbeeren, Isländisch Moos, Wacholder.

Heilpflanzen sammeln und trocknen

Sammeln Sie Heilpflanzen am besten an warmen, trockenen Tagen, und nehmen Sie nur ganz gesunde und kräftige Pflanzen(-teile). Regen- oder taufeuchte Pflanzen eignen sich nicht, auch das Sammeln am Abend ist nicht ratsam. Wie wir Menschen weisen auch Pflanzen am Abend geringere Energie und damit einen herabgesetzten Heilwert auf.

Entfernen Sie gleich nach der Ernte faule oder durch Pilze, Tierfraß usw. beschädigte Pflanzenteile. Breiten Sie die Zweige, Blätter oder Blüten auf einer staubfreien Unterlage im Freien aus, die sonnen- und windgeschützt sein sollte. Legen Sie die Pflanzenteile luftig nebeneinander aus, damit sie von allen Seiten gleichmäßig trocknen können. Während des Trockenprozesses die Pflanzen mehrmals vorsichtig wenden und wenn nötig auch die feuchte Unterlage erneuern. Sobald die Pflanzen gut durchgetrocknet sind, sollten Sie sie nochmals nach nicht einwandfreien Blättern durchsehen. Die geprüften Kräuter bewahren Sie in einem luftdicht verschließbaren Glasbehälter an einem kühlen, dunklen Ort auf.

Teatime für die Gesundheit

Wann ist die beste Zeit, um einen Heilkräutertee zu trinken? Grundsätzlich immer dann, wenn Sie entsprechende Beschwerden oder einfach Lust darauf haben. Sie können Tees aber auch sehr gezielt zu bestimmten Zeiten nach der chinesischen Organuhr einsetzen. Entsprechend der chinesischen Gesundheitslehre entfalten unsere Organe während des 24-stündigen Tagesrhythmus zu unterschiedlichen Zeiten ihre höchste Aktivität. Diese Zeiten können Sie nutzen, um mit den genannten Tees gezielte Stimulanz auf den Organismus zu bewirken. Wenn Sie beruhigend auf ein Organ einwirken möchten, wählen Sie auf der nachfolgenden Tabelle den erstgenannten Zweistundenrhythmus. Bis zwei Stunden nach dieser Phase, in der zweitgenannten Zeit, können Sie mit einem anregenden Tee optimale Wirkung erzielen. Ein Beispiel: Um Einschlafproblemen vorzubeugen, würden Sie zwischen 19.00 und 21.00 Uhr einen beruhigenden Tee trinken, z. B. Baldriantee und damit Ihren Kreislauf „schlafbereit" machen. Wenn Sie aber wach bleiben und konzentriert arbeiten möchten, wirkt ein anregender Tee nach 21.00 Uhr besonders intensiv.

Leber: beruhigend 1 – 3 Uhr, aktivierend 3 – 5 Uhr
Lunge: beruhigend 3 – 5 Uhr, aktivierend 5 – 7 Uhr
Dickdarm: beruhigend 5 – 7 Uhr, aktivierend 7 – 9 Uhr
Magen: beruhigend 7 – 9 Uhr, aktivierend 9 – 11 Uhr
Milz/Pankreas: beruhigend 9 – 11 Uhr, aktivierend 11 – 13 Uhr
Herz: beruhigend 11 – 13 Uhr, aktivierend 13 – 15 Uhr
Dünndarm: beruhigend 13 – 15 Uhr, aktivierend 15 – 17 Uhr
Blase: beruhigend 15 – 17 Uhr, aktivierend 17 – 19 Uhr
Nieren: beruhigend 17 – 19 Uhr, aktivierend 19 – 21 Uhr
Kreislauf: beruhigend 19 – 21 Uhr, aktivierend 21 – 23 Uhr
Gallenblase: beruhigend 23 – 1 Uhr, aktivierend 1 – 3 Uhr
Dreifacher Erwärmer: beruhigend 21 – 23 Uhr, aktivierend 23 – 1 Uhr
Der Dreifach-Erwärmer ist kein Organ, sondern der Begriff umfasst das Zusammenspiel vieler Organfunktionen, die vom oberen Erwärmer (Herz-Lungen-Bereich), mittleren Erwärmer (Magen-Milz-Bereich) und unteren Erwärmer (Leber-Nieren-Dickdarm-Bereich) gesteuert werden.

Fasten contra Krankheit und Übergewicht

Zwischen einer Diät und dem Teefasten gibt es einen wesentlichen Unterschied. Bei einer Diät reagiert der Körper auf die verminderte Kalorienzufuhr. Beim Teefasten aber stellt der Organismus völlig auf Ernährung von innen und gleichzeitig auf das Ausscheiden eingelagerter Stoffe (Gifte, Fett, Wasser) um. Bei Variante eins passt sich der Körper der Schmalkost nach drei, vier Tagen an und schraubt seinen Energiebedarf hinunter. So kommt es, dass man sich in den ersten Tagen über ein rasches Abnehmen freuen kann, dann aber ein enttäuschender Stillstand eintritt. Der Zeiger kommt erst wieder in Bewegung, wenn noch weniger Kalorien aufgenommen werden und/oder verstärkte sportliche Aktivitäten den Energieverbrauch beeinflussen.

Teefasten ist im Grunde eine tief greifende Therapie. Fasten bedeutet viel mehr, als eine schnelle Gewichtsabnahme zu erzielen, obwohl dies natürlich ein angenehmer „Nebeneffekt" ist. Wie gesagt, stellt sich der Körper während des Teefastens auf Ernährung von innen um. Bei der Wahl seiner „Nahrung" ist er dann nicht wählerisch. So kommt es, dass Gifte, harnsaure Stoffwechselschlacken, Cholesterin etc. „gegessen“ bzw. abgebaut und ausgeschieden werden, die sonst den Organismus oft jahrelang belasten würden. Zahlreiche körperliche Probleme können sich nach einer Teefastenkur entscheidend verbessern oder sind sogar ausgeheilt. Einige, im Kapitel „Indikationen – Blutreinigung“ erwähnte Teesorten eignen sich sehr gut, um eine Teefastenkur durchzuführen, da sie blutreinigende, entwässernde und schweißtreibende Wirkung besitzen. Insbesondere für Erstfaster ist das Fasten in der Gruppe und unter der Führung eines Fastengruppenleiters, z. B. während eines Urlaubs, eine gute Erfahrung. Möglich ist auch, einer „ambulanten“ Fastengruppe beizutreten. Die Teilnehmer treffen sich meist zwei oder drei mal pro Woche zu einem Erfahrungsaustausch und führen die Fastenkur ansonsten allein durch. Dies geht übrigens auch, wenn man mitten im Berufsleben steht.

Fruchtige Fastenalternative – Obstfasten

Wen die Vorstellung schreckt, eine oder mehrere Wochen gar nichts zu essen, kann durch Obstfasten ebenfalls sehr gute Erfolge bei der inneren Reinigung erzielen. Wie beim Teefasten gibt es auch beim Obstfasten einiges zu beachten. So ist die Wahl und Kombination der Früchte sehr wichtig, weshalb es empfehlenswert ist, vor der Kur ein entsprechendes Buch zu lesen, oder sich von einer erfahrenen Fastenleitung beraten zu lassen. Auch das Obstfasten können Sie natürlich mit Heilkräuterbehandlungen, z. B. den Tees zur Blutreinigung und Entwässerung, wie sie noch genannt werden, ergänzen. Die nachstehenden Beschwerden stellen sowohl für das Tee- als auch das Obstfasten Indikationen dar.

Indikationen für Tee- und Obstfasten

Die folgenden gesundheitlichen Probleme zählen zu den häufigsten Indikationen, bei denen Sie mit Tee- oder Obstfasten sehr gute Erfolge erzielen können:

Rheumatische Erkrankungen/Gicht

In den ersten Stadien der rheumatischen Erkrankungen werden durch Teefasten die besten Ergebnisse erzielt. Bei fortgeschrittenen Erkrankungen sowie bei Gicht kann man durch wiederholtes Fasten ebenfalls zum Erfolg kommen.

Praekanzerosen

Im Krebsvorstadium ist das Fasten eine wirkungsvolle Therapie, da es durch die intensive Entgiftung und die angeregte Zellatmung gelingen kann, den Krebs im Kern aufzulösen. Während und im fortgeschrittenen Stadium einer Krebskrankheit wird das Fasten von den meisten Ärzten abgelehnt. Das Krebsgewebe würde bei einer Fastenkur zu schnell zerfallen, wodurch sich lebensgefährliche Rückvergiftungen im Körper ergeben könnten. Allerdings gibt es auch Mediziner, die anderer Meinung sind, wie das Krebs-Fasten nach Rudolph Breuß zeigt.

Magen-Darmkrankheiten
Während des Fastens wird die Tätigkeit von Magen und Darm sozusagen stillgelegt. Dadurch kann es zur Entspannung und Regeneration dieser Organe kommen. Diese können durch die Balance der Verdauungssäfte und der regenerierten Darmflora nach der Fastenkur, eine verbesserte Ernährung und allgemein gesündere Lebensweise vorausgesetzt, wieder normal arbeiten.

Verstopfung
Häufige oder sogar chronische Stuhlverstopfung kann viele Organe in Mitleidenschaft ziehen. Neben der Darmerschlaffung und einem erhöhten Risiko für Darmgeschwüre leidet insbesondere die Leber unter dem vermehrten Giftaufkommen. Während des ausschließlichen Teefastens wird der Darm von der Verdauungsschwerstarbeit befreit und ist nur mit dem Ausscheiden von Rückständen beschäftigt. Durch diese Generalreinigung regeneriert der Darm, die Selbstheilungskräfte des Darms werden aktiviert, und damit ist die Basis für eine normale Verdauungstätigkeit geschaffen.

Hautkrankheiten
Nahezu alle Hautkrankheiten, wie Akne, Ekzeme, Schuppenflechte, schlecht heilende Wunden usw. reagieren auf Teefasten mit Besserung und bei regelmäßigem Fasten oft auch mit Ausheilung. Durch die intensive Blutreinigung können Schlackenstoffe abgebaut werden, woraufhin sich die Hautfunktionen regulieren können.

Arteriosklerose und Bluthochdruck
Während des Teefasten können gefährliche Ablagerungen in den Blutgefäßen abgebaut werden. Die Fließfähigkeit des Blutes verbessert sich, der Blutdruck normalisiert sich und Risiken wie Herzinfarkt und Schlaganfall wird vorgebeugt.

Übergewicht und Fettleibigkeit
Nicht nur aus optischen und allgemeinen Wohlfühlgründen lohnt sich das Fasten, sondern auch wegen der durch Übergewicht verursachten Krankheiten. Einige Beispiele aus der langen Liste: Herzkrankheiten, Arteriosklerose, Rücken- und Gelenkbeschwerden sowie die Überlastung vieler Organe. Von dem abgebauten Gewicht profitiert also der ganze Körper.

Untergewicht
Fasten bei Untergewicht ? Ja, denn durch seine regulierende Wirkung auf die Körperfunktionen (nach oben wie nach unten) ist Fasten auch eine Möglichkeit, Untergewicht (nicht auf Grund von Magersucht) zu beheben. Erfahrungen haben gezeigt, dass das Gewicht von Mageren 3 bis 6 Monate nach der Teefastenkur um bis zu 7 kg über das Ausgangsgewicht stieg.

Seelische Gründe

(keine psychischen Krankheiten) Es gibt Lebensphasen, in denen man durch die körperliche Entschlackung auch seelischen Ballast abwerfen möchte und kann, z. B. in Selbstfindungsphasen nach einer Trennung, zur Persönlichkeitsentwicklung, in Phasen der Neuorientierung usw.

Während der Fastenzeit ist man sensibler, offener und die Gedanken können von großer Klarheit und Selbsterkenntnis sein. Diese Erfahrungen nimmt man aus einer Fastenkur – neben viel Motivation zur Umsetzung und Änderung der Lebensbedingungen – mit nach Hause.

Tee – Durstlöscher und Wellnessbote

Ein wahres Schlaraffenland sämtlicher Geschmacks-, Duft- und Farbvarianten trägt dazu bei, dass der alltägliche Teegenuss nicht langweilig wird. Abgesehen von der Geschmacksvielfalt stecken jede Menge wertvoller Biostoffe in den Spitzenreitern der beliebtesten Hausteesorten. Daneben füllen auch hier zu Lande fremdländische Teesorten mehr und mehr die Teekannen. Einige kitzeln unseren „Teegaumen" mit Wohlgeschmack, andere überzeugen durch ihre hohe Wirksamkeit bei körperlichen Beschwerden.

Früchtetee: Hauptbestandteile der Früchteteemischungen sind meist Hibiskus, Hagebutte und Apfelstücke. Zu deren wichtigsten Inhaltsstoffen zählen Vitamin C, Eisen, Magnesium und Pektin, die eine vitalisierende und regenerierende Wirkung auf den Organismus besitzen. Früchtetee schmeckt sowohl zur Winterzeit am Kamin als auch gekühlt und mit Zitrone aufgepeppt am Pool im Sommer. Gelegentlich sollten Sie aber auch hier mal zu einer anderen Sorte oder Mischung greifen. Denn für den Organismus ist es positiv, wenn er immer mal wieder neue Impulse bekommt.

Grüntee: Die Liste der vorteilhaften Inhaltsstoffe des Grüntees ist lang und wird angeführt von den Vitaminen C, D, B1, B2, Pantothensäure sowie Calcium und Fluor. Grüntee besitzt eine allgemein ausgleichende Wirkung. Das bedeutet, er regt auf angenehme Art an, wirkt aber auch entspannend nach einem langen Tag. Er ist eine effektive „Waffe" gegen Müdigkeit und geistige Erschöpfung, was auf seinen Gehalt an Tannin zurückzuführen ist. Im körperlichen Bereich macht sich seine Magen reinigende Wirkung bei der Verdauung fetter und schwerer Speisen bemerkbar. Grüntee unterstützt die Umwandlung von Cholesterol und wirkt somit vorbeugend gegen Arteriosklerose. An der staatlichen Universität von Okayama wurde in Versuchen festgestellt, dass grüner Tee den Alterungsprozess des Körpers verzögern kann. Demnach soll das in ihm enthaltene Tannin als „Radikalenfänger" (Giftstoffe aus Umwelt, Nahrung, UV-Strahlung etc.) wesentlich effektiver sein als das Zellschutzvitamin E. Grüntee ist kombinierfreudig (z. B. mit Jasmin, Rose, Pfefferminze), daneben zeigt er sich mit Aromen (z. B. Vanille, Orangenschale, Zimt) „gekrönt" als gute Basis für Geschmacksvielfalt.

Schwarztee: Wie Kaffee sollte Schwarztee als Genussmittel eingestuft und deshalb nur in Maßen getrunken werden. Mit einem Schuss Sahne reduziert sich sein Gerbstoffgehalt, mit Zitrone kommt seine anregende Wirkung zur Geltung. Insbesondere bei der Behandlung von Durchfallerkrankungen hat sich Schwarztee durch seinen hohen Gehalt an Gerbstoffen bewährt. Getrunken wird er in diesem Fall ohne Milch, Zitrone und frei von allen Süßungsmitteln. In Verbindung mit Früchten und/oder Aromen verleihen Sie Ihrem Schwarztee noch einen geschmacklichen Aha-Effekt.

Angostura: Aus der Rinde des südamerikanischen Angosturabaumes wird dieser recht bitter schmeckende Tee hergestellt. Er enthält reichlich Alkaloide, Bitterstoffe und ätherische Öle, die die Magensaftsekretion anregen. Angosturatee sollte zeitlich nur beschränkt getrunken werden. Trinken Sie ihn am besten vor einem schweren Essen, um die erforderlichen Verdauungssäfte bereits anzuregen. Gegen den bitteren Geschmack hilft ein Teelöffel Honig.

Anguraté: Dieser intensiv krautig schmeckende Tee enthält Flavonoide und ätherisches Öl. Appetitlosigkeit, Völlegefühl, Übelkeit, Sodbrennen und andere Magenbeschwerden sind seine spezielles Einsatzgebiet. Der Magentee aus Peru normalisiert den Säuregehalt in Magen und Darm, das bedeutet, er fördert oder reduziert den Säuregehalt, wo es nötig ist. Zum einen wird so den typischen Säureschmerzen vorgebeugt, zum anderen werden angreifende Bakterien behindert. Gewonnen wird der Tee aus den Stängeln, Wurzeln und Zweigen der südamerikanischen Anguraté-Strauchpflanze.

Honigbusch: Die nach Honig duftenden Blüten des südafrikanischen Busches gaben ihm seinen Namen. Geschmacklich ist der Honigbuschtee unserem Schwarztee ähnlich, aber enthält im Gegensatz zum Schwarztee kein Koffein und nur wenig Gerb- und Bitterstoffe. Wenn Sie also einen guten Haustee suchen – hier ist er.

Lapacho: Bitter- und Gerbstoffe, ätherische Öle, Glykoside etc. rufen die vielseitige Wirkung hervor dieses Tees aus Südamerika hervor. Es handelt sich um einen Rindentee, entsprechend kräftig, leicht bitter und medizinisch schmeckt er. Seine Wirkvielfalt kann sich allerdings sehen lassen. Sie können Lapachotee bei Infektionen, bei Beschwerden mit Magen, Leber, Galle und Darm und zur Schmerzbehandlung trinken. Ferner soll dieser Tee die Sekretion der Schweißdrüsen normalisieren, das Immunsystem stimulieren sowie harntreibende Wirkung haben.

Mate: Als „Grünes Gold“ wird Matetee gern in seiner Heimat Lateinamerika bezeichnet. Mit seinen vielen gesundheitsfördernden Inhaltsstoffen macht er diesem Namen auch alle Ehre. Er enthält reichlich zellschützendes Tannin, aktivierendes Vitamin C und mehr als 20 Aminosäuren, die sich positiv auf die Zellregeneration auswirken. Von dem ganzheitlich kräftigenden Einfluss dieser rauchig und herb schmeckenden, grünen Teesorte profitieren Herz, Kreislauf und Magen. Wegen seiner entschlackenden, harntreibenden und Hunger dämmenden Eigenschaft können Sie Matetee auch zur Unterstützung von Schlankheits- und Fastenkursen trinken.

Algen: Aus den „Unterwassergärten“ der Weltmeere stammend, fallen die getrockneten Algen zwar aus dem Rahmen, mit ihrer Wirkvielfalt können sie sich aber durchaus mit ihren „Landkollegen“ messen.

Algen enthalten Pflanzenschleime wie Alginsäure, Carrageen und Mannitol, die als komplexe Zuckerarten vom Körper nahezu unverwertet wieder ausgeschieden werden. Für Diabetiker ist Algentee daher ein gute Möglichkeit, auf gesunde Art den Durst zu löschen und daneben einige andere Körperfunktionen in Gang zu setzen. So wirken die pflanzlichen Quellstoffe und Aminosäuren als natürliche Verdauungs- und Entschlackungshilfe, mit der Sie einen gründlichen „Hausputz" (guter Fastentee) im Körper unterstützen können. B-Vitamine, Vitamin A sowie Zink, Silicium und Selen in Algen ergänzen die gesundheitsfördernde Wirkung des Tees. Seinen herbintensiven Geschmack können Sie durch Gewürze wie Zimt oder einen Spritzer Zitrone oder Orange mildern.

Ayurvedische Gesundheitslehre und Tees

Vata, Pitta, Kapha – schon mal gehört? Diese Bezeichnungen stammen aus der Ayurveda, der uralten indischen Gesundheitslehre. Der Name Ayurveda kommt aus dem indischen Sanskrit und setzt sich zusammen aus Ayur (Leben) und Veda (Wissen), was so viel wie „Wissen um das Leben" bedeutet. In der ayurvedischen Behandlung spielt Tee eine wichtige Rolle, und er wird entsprechend dem individuellen Wesens- und Konstitutionstyp eingesetzt. Im Grunde ist die ayurvedische Gesundheitslehre eine Entdeckungsreise zu sich selbst. Der ganze Mensch und alles, was sein Leben prägt, findet in den etwa 20 ayurvedischen Wissensgebieten mögliche Behandlungsansätze. Das reicht vom persönlichen Biorhythmus über die Ernährung, Bewegung, Sport, Stressbekämpfung, Regeneration, Sinnesschulung und -empfindungen, Partnerschaft, Architektur, Urlaubsplanung bis hin zur Astrologie und Zukunftsdeutung.

Drei Doshas – drei Konstitutionsprinzipien

Die Basis der ayurvedischen Philosophie beruht auf den so genannten Doshas, bei denen es sich um eine Einteilung des Menschen nach seiner ganzheitlichen Konstitutionsstruktur handelt. Es gibt 3 grundsätzliche Konstitutionstypen, von denen 10 Mischtypen abgeleitet werden:

1. Das Vata-Prinzip
2. Das Pitta-Prinzip
3. Das Kapha-Prinzip

Meist erkennt man seine typischen Persönlichkeitsanteile recht schnell, wobei dies durchaus Anteile aller drei Doshas sein können. Machen Sie sich dann bewusst, welche Wesenszüge Sie grundsätzlich selbst besitzen und ob sie angeregt oder gedämpft werden sollen. Dazu können Sie nun gleich die drei Hauptdoshas sowie individuelle gesundheitsfördernde Maßnahmen kennen lernen – und natürlich die typgerechten Tees.

Das Vata-Prinzip

Äußeres Erscheinungsbild: Der Körperbau eines Menschen mit ausgeprägtem Vata ist leicht, wenig muskulös mit zierlichen Gelenken. Sehnen und Venen sind deutlich sichtbar, die Haut neigt zu Trockenheit, die Behaarung ist gering.
Eigenschaften: Vata wird den Elementen Luft und Äther zugeordnet. Entsprechend ist das Vata-Prinzip leicht, kühl, beweglich, trocken, klar und fein. Der Vata-Typ besitzt eine rasche Auffassungsgabe, ist aktiv, kommunikativ und geistig rege.
Steuerung von: Blutkreislauf, Atmung, Ausscheidung, Sinnesempfindungen, Sprache, ausgeprägte Gefühle von Angst bis zur Begeisterung sowie die Sexualität und Sexualfunktionen werden vom Vata-Funktionsprinzip gesteuert. Es findet sich in jedem Bereich der Bewegung wieder, was Freude an körperlicher wie geistiger Aktivität bedeutet.
Vata-Dominanz: Wenn Ihre Bewegungen fließend und schnell sind, wenn Sie über rasche Auffassungsgabe verfügen, gern schnell Handeln und auch gefühlsmäßig rasch reagieren, wenn Sie außerdem kälteempfindlich sind, überwiegt das Vata-Prinzip in Ihnen.
Vata-Harmonisierung: Extreme körperliche Bewegung, intensive Bürstenmassagen und wenig Schlaf regen das Vata-Prinzip stark an. Wenn Sie sich zu träge fühlen, kann dieser Ansporn, wie auch eine Fastenzeit, wohl tuend sein. Ebenso können Sie mit scharfer, bitterer und herber Kost Ihr Vata auf natürliche Weise aktivieren. Wenn Sie ohnehin ein schnelles, vielleicht hektisches Leben führen, sollten Sie eher langsamer treten und ferner beachten, dass auch Angst, Schuldgefühle und gefühlsmäßige Verletzungen ungesund viel Vata produzieren. Leichte Streichmassagen, entspannende Therapien und Meditationen sind ideal, wenn ihre natürlich-schnellen Reaktionen bereits überschießend geworden sind. Wohl tuend und ausgleichend wirken sich eine leichte und heitere Atmosphäre, die Farbe Grün, Wärme und sonnige Umgebung auf Sie aus. Warme, sinnliche Düfte und süße, saure und salzige Kost wirken sich ebenfalls mildernd und ausgleichend auf ein überaktives Vata aus.
Vata-Verwöhnprogramm: Entspannung sollte bei Ihnen an oberster Stelle stehen, denn mit überwiegenden Vata-Energien werden Sie leicht nervös und neigen zum Frösteln. Ein Besuch im Botanischen Garten oder ein Waldspaziergang sind Balsam für angespannte Vata-Nerven. Auch Körperpflege wirkt sich beruhigend aus. Ihre Haut, die zu extremer Trockenheit neigen kann, freut sich über ölhaltige Produkte, z. B. eine gewärmte Ölampulle oder ein reichhaltiges Massageöl. Gönnen Sie sich einen warmen, blumigen Duft in der Aromalampe, wie Rose und Jasmin.
Vata-Tee: Als Vata-Typ haben Sie lieber fünf als nur ein „Eisen im Feuer", entsprechend gefordert sind Sie beruflich wie privat. Eine beruhigende Tasse Vata-

Tee hilft Ihnen, in einen Wohlfühlzustand zu kommen, und Sie fühlen sich wieder energievoll, freudig gestimmt und begeisterungsfähig. In Ihnen ist Leichtigkeit, mit der Sie sich allem, was das Leben bringt, anpassen können. Hauptsächliche Zutaten im Vata-Tee (fertig erhältlich) sind meist Süßholz, Ingwer, Kardamom und Zimt. Bei vorherrschender Vata-Konstitution kann dieser Tee täglich getrunken werden. Um Vata-Anteile in sich zu verstärken, sollte dieser Tee ansonsten von November bis Februar oder bei trockenkalter Witterung wegen seiner wärmenden Inhaltsstoffe getrunken werden.

Das Pitta-Prinzip

Äußeres Erscheinungsbild: Mittelgroß, eher athletisch und schlank gebaut, wird der Pitta-Typ beschrieben. Der Teint schimmert rötlich, ist gut durchblutet, die Haut ist eher fett und kann zu Unreinheiten neigen. Es besteht die Neigung zu frühzeitigem Ergrauen, auch zur Glatzenbildung. Leberflecken und Sommersprossen sind ebenfalls Pitta-Merkmale.
Eigenschaften: Pitta wird dem Element Feuer zugeordnet und vermittelt das Prinzip von heiß, flüssig, etwas ölig, scharf, sauer und beißend. Von seinem inneren Feuer angespornt, liebt der Pitta-Typ die Herausforderung. Er hat viel Energie, einen scharfen Verstand und kann rasch regenerieren.
Steuerung von: Sehkraft, Verdauung, Hunger-Durst-Empfinden, körperliche Spannkraft, Körperhitze, Herzfunktionen, Blutbildung, Leber- und Milzfunktion, Hautgesundheit, Heiterkeit, Intellekt, Redegewandtheit – all dies sind Körperreaktionen und Empfindungen, die vom Pitta-Prinzip gesteuert werden.
Pitta-Dominanz: Neigung zu Perfektionismus, großes Verantwortungsbewusstsein und der Wunsch nach Unabhängigkeit und Freiheit sind einige „Indizien", die für eine Pitta-Dominanz sprechen. Weitere sind Hitzeempfindlichkeit, sensible Organreaktionen, übermäßiges Hunger- und Durstgefühl, Neigung zu Körpergeruch und Ungeduld.
Pitta-Harmonisierung: Im Sommer steigt der „Pitta-Pegel", von Hitze und Sonnenbädern angeregt, ganz von selbst. Verdauungsanregende Mittel oder Aktivitäten wirken ebenfalls Pitta-steigernd. Bei Lustlosigkeit und übertriebener Bequemlichkeit sollte saure, salzige und scharfe Kost auf dem Speisezettel stehen. Die Lebensgeister werden außerdem von „feurigen" Gefühlen, wie Begeisterung angeregt. Wenn ein Pitta-Typ überfordert ist, macht sich das mit hohen innere Spannungen, Nervosität und Reizbarkeit bemerkbar. Jetzt benötigt er kalte und zusammenziehende Maßnahmen, wie kühle Bäder und Kompressen mit frischen Gesichtswässern. Auf dem Speiseplan sollten jetzt süße, bittere und herbe Nahrungsmittel stehen, da sie Pitta reduzieren.
Pitta-Verwöhnprogramm: Blaue Raumelemente, blaue Accessoires und/oder blaue Farbbestrahlungen dämpfen das

erhitzte Pitta-Temperament. Nehmen Sie sich Zeit für eine kühle Kompresse, z. B. mit dem ätherischen Öl von Minze, Lavendel oder Kamille. Ihre eher fettige Haut profitiert von adstringierenden Essenzen wie Hamameliswasser. Sehr angenehm werden Sie sicher ein kühlendes Gel (im Kühlschrank gelagert) empfinden. Im Raum darf es kühl und erfrischend duften – nach Minze, Zitrone, Limette oder Eukalyptus.

Pitta-Tee: „Besänftigen" heißt die Hauptwirkung von Pitta-Tee, denn das „heiße" Temperament eines Pitta-Menschen entzündet sich rasch. Dann tut eine Tasse Pitta-Tee gut, die die Störungen aufhebt. Wenn Ihr Pitta wieder in Harmonie ist, fühlen Sie sich zufrieden und unternehmungslustig, vital und offen. Ihre Gedanken sind klar und die Körperfunktionen verlaufen ohne überschießende Reaktionen und Störungen. Meist enthalten in Pitta-Tee sind Kardamomsamen, Süßholz, Ingwer, Zimt und Rosenblüten, die den Geschmacksnerven schmeicheln und in ihrer wohl abgestimmten Mischung angenehm besänftigen. Von Juli bis Oktober, wenn das Pitta-Prinzip im Menschen durch natürlich-anregende Einflüsse steigt, kann Pitta-Tee zum ganzheitlichen Ausgleich getrunken werden. Wenn Pitta-Eigenschaften in Ihnen vorherrschen, können Sie Pitta-Tee täglich trinken.

Das Kapha-Prinzip

Äußeres Erscheinungsbild: Der Körperbau des Kapha-Typs ist wohl proportioniert mit kräftiger Muskulatur und gut entwickeltem Fettgewebe. Es besteht die Tendenz zu vermehrter Wasser- und Fettansammlung sowie Cellulite. Er hat meist volles Haar, klare Augen, einen klaren Teint und neigt zu fettiger Haut.

Eigenschaften: Kapha wird den Elementen Erde und Wasser zugeordnet und symbolisiert damit das Prinzip von Festigkeit, aber auch von Fließkraft. Kapha ist stabil, schwer, kalt, unbeweglich, ölig und zähflüssig, aber auch weich und süß. In seinem äußeren Auftreten wirkt der Kapha-Typ gelassen und entspannt. Er verfügt über ein gutes Gedächtnis, methodisches Arbeiten, klare Gedankenkraft und viel Durchhaltevermögen

Steuerung von: Verdauungsprozesse, Schleimhautbildung, Lungenfunktion, Gehirn- und Rückenmarkfunktion, Elastizität der Gelenke bzw. generell die Beweglichkeit zählen zum Kapha-Funktionsprinzip, ebenso die Festigkeit des Bindegewebes und die Regelung des Fetthaushaltes. Kaphageprägt sind Reaktionen wie Duldsamkeit, Beharrlichkeit, innere Stärke, Zurückhaltung sowie die sexuelle Potenz.

Kapha-Dominanz: Zählen Standhaftigkeit, sicheres Auftreten und Gelassenheit zu ihren Wesensmerkmalen? Wenn Sie außerdem noch methodisch vorgehen, überlegt handeln und über ein gutes

Gedächtnis verfügen, überwiegt das Kapha-Prinzip in ihrem Wesen. Geringes Hunger- und Durstgefühl sowie geringe Schweißabsonderung sind weitere Kapha-Merkmale.

Kapha-Harmonisierung: Sitzende Tätigkeit, beschauliche Lebensweise, Mangel an Körperbewegung, Tagträumereien fördern Kapha. Wenn Sie sich überarbeitet, überreizt und überfordert fühlen, können Sie damit Ihre Gelassenheit wieder zurückgewinnen. Ebenso, wenn Sie bevorzugt süße, saure und salzige Kost zu sich nehmen. Trägheit in Körper und Geist sind ein Hinweis auf stark vermehrtes ungesundes Kapha. Raue, kräftige und heiße Maßnahmen, feuchte Hitze, Bewegung und Aktivitäten, die den Geist wecken sowie weniger Schlaf muntern das träge gewordene Kapha wieder auf. Greifen Sie nun zu süßen, sauren und salzigen Nahrungsmitteln, die für neuen Schwung von innen heraus sorgen.

Das Kapha-Verwöhnprogramm: Eine leichte und beschwingte Atmosphäre, umgeben von den Farbe Orange und/oder Apricot und von Zitrus- oder Walddüften – so regenerieren Sie sich rasch, wenn Ihr Kapha ins Ungleichgewicht gekommen ist. Gut für die Haut sind jetzt erfrischende, leichte Pflegebehandlungen. Kräftige Bindegewebsmassagen, Bürstenmassagen und Saunadurchgänge, die rasch neue Energie vermitteln. Holen Sie auch wieder einmal Ihr Fahrrad aus dem Keller, und fahren Sie die Müdigkeit und Trägheit einfach davon.

Kapha-Tee: Mit seinen belebenden Zutaten wie Ingwer und Rosmarin sorgt Kapha-Tee für ein natürliches Gleichgewicht. Durch ihn können Sie die Trägheit von Körper und Geist überwinden und finden als Kapha-Typ zu ihrem persönlichen Fitness-Profil zurück. Sie fühlen sich wieder energiegeladen, besitzen Tatendrang und Willenskraft. Ihr Geist arbeitet wieder in der gewohnten Ruhe und Verlässlichkeit. Von März bis Juni und bei feucht-kalter Witterung vermehren sich die „schweren" Kapha-Eigenschaften bei vielen Menschen, und man kann einen belebenden Ausgleich mit Kapha-Tee schaffen. Menschen mit vorherrschenden Kapha-Qualitäten finden in „ihrem" Tee täglich einen angenehmen Muntermacher.

Ayurvedische Teegewürze und ihre Wirkvielfalt

In ayurvedischen Tees finden sich insbesondere Gewürze, die zum Ausgleich der Doshas eingesetzt werden. Für Vata und Pitta bedeutet dies, durch den Tee beruhigende, besänftigende Impulse zu vermitteln, da beide Doshas zur Unruhe und Nervosität neigen. Bei Kapha sind anregende Impulse nötig, da dieses Dosha eher zu Trägheit und Schwere neigt. Die Zusammenstellung des Pitta- und Vata-Tees ist meist ähnlich, wobei Ingwer, Kardamom, Zimt und Süßholz in unterschiedlichen Gewürzanteilen integriert sind. Die „Alleskönner" Ingwer und Kardamom sind aber auch in der Kapha-Teemischung enthalten, da sie sowohl

Über- als auch Unterfunktionen ausgleichen können. In ihrer Wirkvielfalt sprechen die Zutaten eines ayurvedischen Tees den Menschen in seiner Ganzheitlichkeit an. Entsprechend wohl tuend auf Körper, Sinne und Empfindungen wirken sie sich aus, wie die Darstellung dieser Gewürze zeigt.

Gelbwurz: (auch Curcuma genannt). Wirkt mild anregend auf Galle, Leber und Nieren und behindert die Bildung giftiger Nitrosamine. Gelbwurz wird Kapha-Tees beigegeben, wobei auch sein blutfettsenkender und blutreinigender Einfluss, ferner seine desinfizierende Wirkung bei inneren Krankheiten sowie Hautproblemen, zur Geltung kommt. Hauptsächlich beruht diese Wirkung auf seinem Inhaltsstoff Curcumin.

Gewürznelken: Sie geben dem Tee nicht nur einen „Lebkuchengeschmack“, sondern wirken auch schmerzstillend, keimtötend und entzündungswidrig. Wasseransammlungen im Körper und Gewebe und andere kaphatypische Probleme wie Gicht, Arteriosklerose, Kopfschmerzen, Zahnschmerzen und Krämpfe werden von Gewürznelken günstig beeinflusst und harmonisiert. In Gewürznelken stecken die heilwirksamen Inhaltsstoffe Eugenol, Vanillin, Gerbstoffe, Phenolcarbonsäure und Flavonoide.

Ingwer: Als scharfes Gewürz trägt Ingwer zwar eine erhitzende und anregende Wirkung in sich. Nach der ayurvedischen Lehre ist Ingwer aber im Nachgeschmack süß. Er vermittelt also auch das besänftigende Prinzip, was ihn für alle drei Doshas wirksam macht. Ingwer wirkt Appetit anregend, entzündungswidrig und reduziert bzw. wirkt auflösend bei Frauenleiden, Krämpfen, Müdigkeit, Migräne, verschiedenen Hals- und Brustleiden, Übelkeit und Reisekrankheit. Zurückzuführen ist diese Wirkung auf Inhaltsstoffe wie Gingerol, Cineol, Shogaol, Linacool, Campheen und Phellandren.

Kardamom: Hilft, die drei Humore (Doshas) ins Gleichgewicht zu bringen und Pitta-Störungen zu beheben. Die Liste der heilkräftigen Wirkung des Kardamoms ist lang. Er wirkt bakterien- und virenhemmend bei Atemwegserkrankungen und Halsschmerzen, er lindert Erkältungsbeschwerden und löst Nervosität, stressbedingte Beschwerden sowie Magen- und Verdauungsbeschwerden auf. Dies beruht auf den Inhaltsstoffen Ceneol, Terpinylacetat, Borneol, Geraniol, Nerolidol und Limonen.

Rosenblüten: Insbesondere aufgebrachte Pitta-Nerven beruhigen sich mit Rosenblüten im Tee. Harmonisiert wird die Herz- und Kreislauffunktion sowie das Nerven- und Verdauungssystem. Eingedämmt werden Kopfschmerzen, Fieber, Heiserkeit, PMS- und Menstruationsprobleme. Eine Vielzahl ätherischer Öle wie Geraniol, Rhodinol, Citronellol, Eugenol, daneben Zuckerarten wie Pentosan und Invertzucker sowie Apfelsäure, Quercetin und Gerbstoffe machen die Wirkung der Rosenblüten aus.

Safran: gilt als das teuerste Gewürz der Welt und zählt in der ayurvedischen Lehre zu den Verjüngungsmitteln. In seiner ausgleichenden Wirkung auf Magen, Verdauung und Herz ergänzt Safran den Kapha-Tee. Er wirkt Regelbeschwerden und Krampfzuständen entgegen, und seine volle Wirkung entfaltet er, wenn man dem Tee Kandiszucker oder Ghee (geklärte Butter) zugibt.

Schwarzer Pfeffer: Die aktivierende Wirkung des schwarzen Pfeffers macht sich besonders in einer angeregten Durchblutung und erhöhter Magensaftproduktion bemerkbar, was dem schwerblütigen Kapha-Typ wohl tut. Gleichzeitig wirkt Pfeffer beruhigend auf die Magenwand und bei Verdauungsstörungen. Diese und seine virentötende Wirkung ist auf die enthaltenen ätherischen Öle (Terpene) und die charakteristisch-scharfen Pfefferöle Chavicin und Piperin zurückzuführen.

Süßholz: wirkt sich beruhigend auf die Stimme und damit auf ein wichtiges „Werkzeug" der kommunikativen Vata- und Pitta-Menschen aus. Darüber hinaus stärkt es aber auch den nervösen Magen, entkrampft das Verdauungssystem und beruhigt die leicht aufbrausenden Gefühle dieser Temperamente. Glycyrrhizinsäure, Bioflavonoide, Phytosterole und Commarine machen seine Wirkung aus.

Zimt: Stresshemmend, krampflösend und beruhigend macht sich die Wirkung des Zimts im gesamten Verdauungssystem bemerkbar. Daneben mildern sich auch überhitzte Gedanken, überreizte Stimmungen usw. Besonders Vata- und Pitta-Temperamente können durch die Zimtzutat im Tee harmonisierend auf Körper und Geist einwirken.

Das süße Plus im Tee

Dieses Kapitel ist den „süßen" Teefreunden gewidmet. Wer sich nicht mit purem Teegenuss anfreunden mag, findet hier einige Tricks, die den Tee – in Maßen angewandt – auf gesunde Weise süßen.

Honig

Mit Honig bringen Sie Süßkraft plus Geschmack, plus wertvolle Inhaltsstoffe in Ihren Tee. Frucht- und Traubenzucker, Mineralien, Spurenelemente, Fermente, Vitamine, organische Säuren und Aromastoffe machen den Löffel mit „flüssigem Gold" zum schnellen Energie- und Gesundheitslieferanten. Sie können die Inhaltsstoffe weitgehend erhalten, wenn Sie den Honig erst in den leicht abgekühlten Tee einrühren. Bei manchen Beschwerden, z. B. Durchfallerkrankungen, ist allerdings Verzicht angesagt. Jegliche Zuckerstoffe würden die Bakterienbildung fördern und damit die Beschwerden verstärken. Ansonsten können Sie Honig als „Teeveredler" betrachten, da er, je nach Sorte, sehr unterschiedliche Geschmacksvielfalt bietet.

Akazienhonig: Der feine Geschmack dieses Honigs eignet sich besonders gut, um milde Blütentees, z. B. Rosenblütentee, zu süßen.

Avocadohonig: Schmeckt kräftig und herb-aromatisch und kann auch Tees mit sehr eigenwilligem Geschmack, etwa Mate-Tee, verbessern.
Edelkastanienhonig: Herzhaft und fast ein wenig bitter schmeckt dieser Honig, der ebenfalls einen kräftigen „Partner" braucht, z. B. Schwarztee.
Eukalyptushonig: Diese sehr aromatisch und kräftig schmeckende Sorte mildert herbe, auch bittere Tees, wie Löwenzahntee.
Korianderhonig: Würzig und aromatisch rundet dieser Honig „grasig" schmeckende Tees ab, z. B. Brennnesseltee.
Orangenblütenhonig: Dieser leicht fruchtig schmeckende Honig ergänzt alle Früchte- und Blütentees sehr gut.

Süßes Kraut aus dem Urwald – Stevia
Weitgehend unbekannt ist Stevia-Kraut (Stevia Rebaudiana Bertoni), eine in Paraguay, Brasilien und Argentinien beheimatete, stark süßende Teepflanze. Angewandt wird sie in ganzen (getrockneten) Blättern, als grünes Pulver oder in Form von einfachen Rohextrakten. In der Umgangssprache ihrer Heimatländer wird sie u. a. „Yerba Dulce" genannt, was so viel bedeutet wie „Honigblatt". In den frischen Blättern steckt tatsächlich eine enorme Süße, was auf die enthaltenen Glykoside, darunter bis zu 100 % Steviosid, zurückzuführen ist. Die rohen und getrockneten Steviablätter sind nachweislich 10 – 15 mal süßer als Haushaltszucker. Je nach Verarbeitung als Pulver oder hoch konzentrierter Extrakt steigt die Süßkraft auf das bis zu 200 – 300-fache gegenüber Haushaltszucker. Neben Süßkraft enthält Steviakraut auch pflanzliche Nährstoffe, flüchtige Öle und B-Sitosterol. Sein leichter, aber nicht unangenehmer Eigengeschmack kann den Tee, je nach beigegebener Menge, geschmacklich verändern. Dafür ist Steviakraut kalorienfrei und wirkt sich nicht erhöhend auf den Blutzuckerspiegel aus, weshalb auch Diabetiker dieses Kraut einsetzen können. Man gibt dem jeweiligen Tee einfach ein paar Blättchen Steviakraut bei, gießt beides zusammen mit Wasser auf und lässt den Aufguss ziehen. Erhältlich ist Steviakraut im Reformhaus, Naturkostgeschäft bzw. bei Gesundheitsversandhäusern.

Indikationen für Heiltees und Kräuterbehandlungen von A – Z

Akne

Die Akne tritt verstärkt auf der so genannten T-Zone (Stirn, Nase, Kinn) des Gesichtes auf, weiterhin in den Schweißrinnen am hinteren Rücken und im Brust-Nabel- und Dekolleteebereich. Dies sind Areale mit besonders vielen Schweiß- und Talgdrüsen, die Hautfett und Schweiß produzieren und außerdem noch ganze Zellen abstoßen.

Ursache: Auf Grund vermehrter Talgabsonderung und durch eine verstärkte Verhornung der Oberhaut ballen sich die Zellüberlagerungen auf der Haut zusammen und bilden den idealen Nährboden für mikrobielle Zersetzungen und Bakterien. Die Bakterien bilden freie Fettsäuren, die eine entzündungsauslösende Wirkung haben und zu eitrigen Pusteln und Papeln führen können. Dunkle Komedonen entstehen, wenn der Horn-Lipid-Pfropf durch Luftsauerstoff oxidiert. Diese Vorgänge in der Haut können auf Grund vieler Einflüsse verstärkt werden, z. B. in Zeiten hormoneller Veränderungen (Pubertät), bei Allergien und Störungen in Stoffwechsel und Psyche. Bei der Spätakne, die im reifen Alter auftritt, sind häufig psychische Störungen die Ursache.

Abhilfe: Die Aknebehandlung sollte innerlich wie äußerlich stattfinden. Ein erster Schritt contra Akne kann die Umstellung auf vollwertige Ernährung mit geringerem Fleischanteil sein. Auf Schweinefleisch sollten Sie ganz verzichten, ebenso auf Schokolade, stark Gewürztes und süße Limonaden. Das A und O der äußerlichen Behandlung ist eine regelmäßige, gründliche, aber milde Reinigung der Haut. Bei starker Fettabsonderung unterstützt mehrmals tägliches Abreiben der Haut mit einem alkoholfreien Tonikum den Heilungsprozess. Zur innerlichen und äußerlichen Behandlung haben sich die folgenden Heilpflanzen bewährt.

Hautentschlackung mit Bohnenschalen
Bohnenschalen fördern die Hautentschlackung durch das enthaltene Asparagin. Zu einem gesunden Gewebeaufbau trägt die Kieselsäure bei, da es die Zellfunktionen und die Elastizität der Haut fördert. Flavonoide unterstützen mit ihrem entzündungshemmenden und blutreinigenden Effekt das Abheilen der betroffenen Hautstellen.

Bohnenschalentee: 1 EL getrocknete, zerkleinerte Bohnenschalen mit ¼ Liter Wasser übergießen, kurz aufkochen lassen und nach einigen Minuten abfiltern. Täglich in kleinen Schlucken bis zu einem ¾ Liter trinken.

Hautberuhigende Kamille
Vor allen Dingen das hautberuhigende und entzündungshemmende Kamillenazulen, die ätherischen Öle, Bitterstoffe, Glykosin und die Salizylsäure in der Kamille beeinflussen die Aknehaut. Mit Kamillentee können Sie von innen und außen positiv auf die Haut einwirken.

Kamillentee: 2 TL pro Tasse Aufguss, 5 – 10 Minuten ziehen lassen und abfiltern. Trinken Sie pro Tag etwa 3 Tassen.

Gesichtsdampfbad: 2 – 3 EL Kamillenblüten mit 1 – 2 Liter kochendem Wasser übergießen. Mit einem Handtuch über dem Kopf das zuvor gründlich gereinigte Gesicht 5 – 10 Minuten in den Dampf halten. Durch den Dampf öffnen sich die Poren, und die Pickel können schmerzloser entfernt werden. Nach der Ausreinigung die geröteten Hautstellen mit erkaltetem Kamillentee abtupfen.

Reinigend und schmerzstillend – Stiefmütterchen

In der Volksheilkunde wird das Stiefmütterchen bei allen Arten von Hautbeschwerden eingesetzt. Gut bewährt hat es sich bei unreiner und Aknehaut. Die heilkräftigen Inhaltsstoffe wie Saponine, Gerb-, Bitter- und Schleimstoffe sowie Salizylsäure besitzen blutreinigende, schweiß- und harntreibende, schmerzstillende und antibakterielle Wirkung

Stiefmütterchentee: 2 TL pro Tasse Aufguss, 5 – 10 Minuten ziehen lassen, abgießen und 2 bis 3 Tassen über den Tag verteilt trinken.

Porenverengende Walnuss

Die Nussblätter enthalten neben einem angenehm duftenden, ätherischen Öl hautwirksame Apfel-, Zitronen- und Oxalsäure sowie zusammenziehende Gerbstoffe, die die großporigen Aknebereiche verfeinern. Hautberuhigend wirkt sich ein schmerzstillendes Alkaloid aus.

Wallnusstee: 2 TL Walnussblätter pro Tasse Aufguss, 5 Minuten ziehen lassen und abfiltern. Pro Tag 1 – 2 Tassen trinken. Mit dem erkalteten Tee können Sie auch entzündliche Hautstellen abtupfen oder frische Walnussblätter auf eiternde Stellen auflegen.

Badezusatz: 2 – 3 Pfund getrocknete Walnussblätter etwa 30 – 60 Minuten, in einigen Litern Wasser zugedeckt, aufwallen lassen und abfiltern. Die Abkochung dem eingelassenen Badewasser ohne weitere Zusätze beigeben und 10 Minuten, z. B. bei Rücken- oder Dekolletee-Akne darin baden.

Angstzustände

Ängste können eine starke Belastung im Leben darstellen. Sie schränken die Lebensqualität durch ihren hemmend-beklemmenden Einfluss deutlich ein. In Folge können Panikattacken und körperliche Beschwerden wie Herzrasen, Schweißausbrüche, Magenschmerzen, Darmprobleme, Atemnot und Kopfschmerzen auftreten.

Ursachen: Es gibt Situationen, Erfahrungen und Lebensumstände, die einen „angstanfällig“ machen, z. B. negativer Stress (Distress), Schicksalsschläge, Kontaktmangel und -schwierigkeiten, Unzufriedenheit, Unausgefülltheit, Krankheit, aber auch schlechte Ernährung und Allergien. Bestimmte Situationen können Ängste und Panik hervorrufen, z. B. Flugangst, Höhenangst, Angst in kleinen wie großen Räumen und Plätzen.

Abhilfe: Oft ist es hilfreich, sich einer

Person anzuvertrauen und sich die Last einmal von der Seele zu reden. Je nach Situation sollte man sich auch nicht davor scheuen, an psychotherapeutischen Einzel- oder Gruppengesprächen teilzunehmen. Das fördert die innere Kraft, seinen Ängsten „die Stirn" zu bieten, sich damit auseinander zu setzen und sie letztlich aufzulösen. Den Heilprozess unterstützen autogenes Training, Meditation, Suggestionen, Atemtherapie, Yoga, Sport sowie die folgenden Heilpflanzen und Rezepte.

Beruhigend und entkrampfend: Johanniskraut

Johanniskraut verhilft dazu, dass man die Angstsituationen gelassener betrachten kann. Herzklopfen, Pulsjagen, Schweißausbrüche etc. werden durch diese Heilpflanze deutlich gemildert. Die Wirkung beruht auf ihren Inhaltsstoffen wie Flavonoide, Bitterstoffe, ätherische Öle, Gerbstoffe, allen voran das beruhigende Hypericin.

Johanniskrauttee: 1 TL getrocknetes Johanniskraut pro Tasse Aufguss, 5 – 10 Minuten ziehen lassen und abfiltern. Trinken Sie diesen Tee schluckweise morgens nüchtern und abends vor dem Schlafengehen.

Mut und Schwung durch Pfefferminze

Angstzustände lassen einen häufig in ein „tiefes Loch" fallen, aus dem schwer wieder herauszukommen ist. Hier kann die Pfefferminze mit ihren erfrischenden und gleichzeitig krampflösenden Inhaltsstoffen wie ätherisches Öl sowie Gerb- und Bitterstoffe helfen und hoffnungsvolle Antriebskraft vermitteln.

Pfefferminztee: 1 TL getrocknete Pfefferminze auf eine Tasse Aufguss. Bei kurzer Ziehzeit (ca. 2 – 3 Minuten) kommen die anregenden Impulse mehr zur Geltung, bei langer Ziehzeit (bis zu 10 Minuten) die körperlich beruhigenden und krampflösenden Effekte. Ein hilfreicher Tee, wenn sich der Magen zusammenkrampft und das Herz schmerzhaft klopft. Trinken Sie täglich 2 – 3 Tassen, z. B. während der beschriebenen Teemeditation „Auf der Kräuterwiese".

Pfefferminzkompresse: 2 – 3 Tropfen ätherisches Pfefferminzöl in eine Tasse kaltes Wasser geben und ein Tuch damit anfeuchten. Legen Sie die Kompresse einige Minuten auf die Stirn, um das angstvolle „Gedankenrad" zu stoppen und neuen Mut zu finden.

Ganzheitlich besänftigend – die Rose

Schon der wunderbare Duft der Rose vermittelt besänftigende Impulse bei Angstzuständen und weckt neuen Mut und Hoffnung. In den getrockneten Blütenblättern stecken Inhaltsstoffe wie ätherische Öle, Gerbstoffe, Flavonoide, die bei Ängsten und nervös bedingten Beschwerden eine harmonisierende Heilwirkung besitzen.

Rosentee: 1 gehäufter TL getrocknete Rosenblüten pro Tasse Aufguss. Um die ätherischen Öle zu schonen, sollten Sie nicht zu heißes Wasser verwenden und den Tee bis 10 Minuten ziehen lassen und abfiltern. Sie können mehrere Tassen täglich davon trinken, der entspannende Effekt der Rose verhilft außerdem zu tieferem Schlaf.

Umschlag: 1 Tropfen 100 % reines ätherisches Rosenöl (Apotheke/ Reformhaus) auf 1 Liter lauwarmes Wasser geben und zwei Tücher damit tränken. Legen Sie eines auf die Stirn, das andere auf die Herzgegend. So reduzieren sich wilde Gedanken und ängstliches Herzklopfen.

Rosensirup: Rühren Sie 2 Messerspitzen Weinsteinsäure in 3 Liter abgekochtes und erkaltetes Wasser ein und gießen es über die Blütenblätter von ca. 50 Rosen. Die Mischung bleibt für 2 - 4 Tage in einer Flasche, danach werden die Rosenblüten mehrmals abgefiltert, so dass keine Blütenrückstände in der Flüssigkeit mehr sind. Wiegen Sie dann das Rosenwasser ab und geben zu gleichen Gewichtsanteilen (z. B. 500 ml auf 500 g) Rosenwasser und braunen Rohrzucker oder hochwertigen Honig dazu. Sobald Zucker oder Honig vollständig aufgelöst sind, den Sirup in eine verschließbare Flasche umfüllen und kühl stellen. Trinken Sie täglich ein kleines Likörglas davon. Der Rosensirup erleichtert das Abschalten und das Loslösen von belastenden, verfolgenden Angstgedanken.

Antriebsschwäche

Es gibt Zeiten, da wünscht man sich von irgendwoher einen kleinen Schubs. Zu nichts hat man Lust, jeder Handgriff fällt schwer, ständig ist man müde und von einer Lethargie, die einem Siebenschläfer Konkurrenz machen könnte.

Ursachen: Überarbeitung, aber auch Unterforderung, Unzufriedenheit, Angst und Hoffnungslosigkeit können allgemeine Antriebsschwäche hervorrufen. Als mögliche Ursachen kommen einseitige Ernährung, zu wenig Schlaf, Beeinflussung von außen (z. B. durch negatives Umfeld) in Frage.

Abhilfe: Überdenken Sie Ihre Lebensumstände, und versuchen Sie, sie zu ändern. Häufig tut es gut, „Ballast" abzuwerfen. Das kann eine längst fällige Neuorientierung oder ein klärendes Gespräch sein, das einem auf die Seele drückt. Auf der körperlichen Ebene hilft eine Entschlackungskur, die den Organismus von Ballast (z. B. Darmgiften) befreit. Ich empfehle Ihnen auch die „Teemeditation", mit der Sie zu neuer Vitalität finden können. Nachfolgend gibt es noch ein paar Mut machende Impulse aus der Teetasse.

Wirkt kräftesteigernd: Bockshornklee

Alkaloide, ätherisches und fettes Öl, Bitter- und Gerbstoffe sowie Saponine und Eisen machen die Wirkkräfte des Bockshornklees aus. Pfarrer Kneipp lobte seinen Einfluss bei Abgespanntheit und Müdigkeit. Bockshornklee hat außerdem eine blutreinigende und abwehrkräftesteigernde Wirkung. Nach einer Krankheit fördert er den Appetit und lässt das Schwächegefühl überwinden.

Teerezept: 1 TL Bockshornkleesamen mit einer Tasse kaltem Wasser ansetzen und 3 – 4 Stunden ziehen lassen. Danach abfiltern und auf Wunsch mit Honig süßen (z. B. wenn Sie nach einer Krankheit neue Kräfte tanken möchten).

Neue Leistungskraft durch Ginseng

Die Ginsengwurzel enthält mehr als 200 Wirkstoffe, darunter mehr als 10 Triterpenglykoside (Ginsenoside genannt), Bitterstoffe, ätherische Öle und Tannin. Ginseng wirkt ankurbelnd und leistungssteigernd, immunstärkend und antithrombotisch. Er fördert die Atmung, Ausdauer, Konzentration, das Gedächtnis sowie die Herzleistung.

Ginsengtee: Aus 30 g Ginsenwurzel und 20 g Melissenblättern eine Mischung herstellen. Davon pro Tasse Aufguss 1 TL abnehmen und 5 Minuten ziehen lassen. Auf Wunsch mit Honig süßen.

Anwendung: 2 – 3 EL Ginsengextrakt oder -tinktur täglich nach Herstellerempfehlung einnehmen. Der Extrakt ist in Apotheken und Reformhäusern erhältlich.

Vitale Vielfalt in der Hagebutte

Reich an Vital-Vitamin C, ätherischen Ölen, organischen Säuren und Lecithin, daneben antriebsfördernden Mineralstoffen wie Eisen, kann die Hagebutte als Mittel gegen allgemeine Mattigkeit und Leistungsschwäche, nach Krankheit und bei schwacher Abwehrkraft eingesetzt werden. Auf Grund ihrer blutreinigenden Wirkung befreit sie den Körper von belastenden Wasseransammlungen und harnsauren Stoffwechselprodukten. Im nachfolgende Rezept wird die Hagebutte von der Pfefferminze ergänzt. Sie hilft hypochondrische, seelische Einstellungen aufzulösen und motiviert, eine aus diesem Grund aufgetretene Antriebsschwäche zu überwinden.

Teerezept: Aus 50 g Hagebutte und 20 g Pfefferminze eine Mischung herstellen. Davon pro Tasse Aufguss 2 TL abnehmen, 5 Minuten ziehen lassen, abfiltern und auf Wunsch mit Honig süßen.

Für Elan und Geistesfrische – die Orange

Die Orange vermittelt Wärme und das Gefühl von Schutz. Sie weckt die innere Stärke und die Kontaktfreude und wirkt so der Antriebsschwäche entgegen, die aus übervorsichtiger Zurückhaltung entstanden sein mag. Als sanft anregender Inhaltsstoff fördert das Vitamin C im Orangentee die persönliche Vitalität und den Leistungswillen. Bei dem nachfolgenden Rezept ergänzen ganzheitlich vitalisierende Mateblätter diesen Einfluss.

Teerezept: Aus je 20 g getrockneten Orangenblüten und Mateblättern eine Mischung herstellen. Nehmen Sie 1 TL davon pro Tasse Aufguss, 5 – 8 Minuten ziehen lassen und 2 – 3 Tassen täglich trinken.

Vitalmassage: 3 – 4 Tropfen ätherisches Orangenöl (auch Neroli genannt) mit 3 EL Mandelöl mischen und täglich zur Körpermassage verwenden. Angenehm aktivierend ist der Effekt einer Bürstenmassage, z. B. mit einer Luffa- oder Noppenbürste.

Arterienverkalkung

Bei der Arterienverkalkung kommt es zu kalkartigen Ablagerungen (Kalkplaques) in den großen Arterien, die Herz und Gehirn mit Blut versorgen. Mit dem Fortschreiten der Verkalkung verengen sich die Arterien immer mehr. Die Blutversorgung wird reduziert, und es kommt zu einer Unterversorgung der Organe und Muskeln mit Sauerstoff und Nährstoffen. Als Folge kann es zu einer kurzzeitigen völligen Unterbrechung des Blutflusses kommen, was zum Auslöser eines Schlaganfalles oder eines Herzinfarktes werden kann.

Ursachen: Fett-, zucker- und eiweißreiche (tierisches Eiweiß) Ernährung, daneben Nikotin, Bewegungsarmut, Stress, Bluthochdruck, hohe Blutfettwerte, Blutzucker, evtl. noch in Verbindung mit familiärer Vorbelastung fördern die Bildung von Kalkplaques. Die Arterienverkalkung tritt nicht - wie häufig angenommen - erst im Alter auf, sondern kann durch entsprechende Lebensumstände schon in jungen Jahren beginnen.

Abhilfe: Es ist nie zu früh, um für eine „freie Blutbahn" zu sorgen! Eine fettreduzierte, vitaminreiche Ernährung mit einem hohen Anteil an Obst und Gemüse, wenig Fleisch, Alkohol und Nikotin ist eine gesunde Basis. Wichtig ist außerdem, stets einen harmonischen Ausgleich in allen Lebenslagen zu finden. Gönnen Sie sich nach Stress die nötige Entspannung, und gleichen Sie Bewegungsmangel durch solche Sportarten aus, die Ihnen Spaß machen. Daneben fördern auch einige Heiltees den Abbau von Kalkablagerungen.

Blutreinigend und wassertreibend – Johannisbeerblätter

Die Blätter des schwarzen Johannisbeerstrauches enthalten neben Gerbstoffen, Emulsin und organischen Säuren ein ätherisches Öl, das die Stoffwechselvorgänge intensiv anregt. Die tonische und blutreinigende Wirkung der Inhaltsstoffe unterstützt den Abbau arteriosklerotischer und auch von harnsaurer Ablagerungen, die Gicht und Rheuma hervorrufen können.

Teerezept: 1 TL getrocknete Blätter der schwarzen Johannisbeere mit heißem, aber nicht kochendem Wasser aufgießen, 5 Minuten ziehen lassen und abfiltern. Nach einem alten Rezept der Volksheilkunde sollen täglich 2 – 3 Tassen ungesüßt und schluckweise getrunken werden.

Contra Cholesterin – die Artischocke

Die Artischocke unterstützt die Behandlung eines hohen Cholesterinspiegels, der häufig eine Mitschuld an der Entstehung von Kalkablagerungen hat. Zurückzuführen ist diese Wirkung hauptsächlich auf das enthaltene Cynarin und andere Bitterstoffe, die den Cholesterinabbau günstig beeinflussen. Daneben ist die Artischocke reich an den Vitaminen A und B, an Gerb- und Schleimstoffen sowie an stoffwechselfördernden Fermenten, weshalb sie sich auch in der Behandlung von Leber-Gallenbeschwerden bewährt hat.

Anwendungsrezept: Es empfiehlt sich, über einen mehrwöchigen Zeitraum täglich 6 g Artischockenpresssaft (im Handel erhältlich und auf Herstellerhinweise achten) einzunehmen.

„Blutentkalker" vom Waldesrand – Bärlauch

In der Volksheilkunde wird der Bärlauch gern dem Knoblauch vorgezogen, da er eine urwüchsigere Heilkraft besitzen soll. Bärlauch enthält reichlich ätherische Öle mit dem Hauptbestandteil Vinylsulfid, ferner Flavonoide, Vitamin C und Schleimstoffe. Er soll auch bei fortgeschrittener Arterienverkalkung noch gute Verbesserung des Leidens bringen.

Teerezept: 2 EL klein geschnittenes Bärlauchkraut mit ¼ Liter heißem, nicht kochendem Wasser übergießen, 5 – 10 Minuten ziehen lassen und nach dem Abgießen diese Menge über den Tag verteilt trinken. Wenn Sie einen empfindlichen Magen haben, lassen Sie klein geschnittene Bärlauchzwiebeln in einer Tasse warmer Milch etwa 2 – 3 Stunden ziehen und trinken die Milch schluckweise.

Erdrauch – ein Kraut mit Geschichte

Erdrauch gilt als ausgezeichnetes Blutreinigungsmittel, und er stand schon bei dem römischen Arzt Galen hoch in Ehren. Erdrauch enthält einige Alkaloide, ferner Bitter- und Schleimstoffe, die der Arterienverkalkung entgegenwirken.

Teerezept: 1 TL getrocknetes Erdrauchkraut mit ⅛ Liter Wasser ansetzen. Lassen Sie die Mischung ca. 8 – 10 Stunden ziehen, und trinken Sie pro Tag 1 – 2 Tassen dieses Kaltauszugs.

Multitalent auf Bäumen – die Mistel

Die Mistel, die schon im Altertum als wirksames Heilmittel empfohlen wurde, kommt heute hauptsächlich bei der Behandlung von Arteriosklerose, in der Krebstherapie und als kreislauf- und blutdruckregulierendes Mittel zum Einsatz. Heilwirksame Inhaltsstoffe sind Alkaloide, Flavonoide, Bitterstoffe, gallenwirksames Cholin, herzstärkendes Cholinester sowie blutdrucksenkendes Pyridin, um nur einige zu nennen.

Teerezept: 6 TL getrocknete Mistelblätter werden mit 3 Tassen kaltem Wasser (Kaltansatz wird bei der Mistel bevorzugt) angesetzt. Lassen Sie diese Mischung am besten über Nacht ziehen, und trinken Sie den abgefilterten Tee schluckweise über den Tag verteilt.

Mild und stetig wirksam – Apfelschalen

Das „Wirkstoffpaket" aus getrockneten Apfelschalen kann sich sehen lassen. Es enthält die Vitamine C, B und A, ferner Apfel-, Zitronen- und Bernsteinsäure sowie Pektinstoffe, die auf milde Weise die Reinigung der Adern und des Organismus anregen. Setzen Sie Apfeltee als Ergänzung (und angenehme geschmackliche Abwechslung) in Kombination mit anderen Tees ein, da seine Wirkung eher unterstützend ist.

Apfelschalentee: 2 TL getrocknete Apfelschalen pro Tasse Aufguss, 10 Minuten ziehen lassen und abfiltern. Von diesem Tee können Sie mehrere Tassen täglich trinken.

Asthma

Asthma gehört zu den allergischen und psychosomatischen Erkrankungen. Bei Kontakt mit dem Asthma auslösenden Element kommt es zu einer Verkrampfung der Bronchien und zu einem Anfall von Atemnot. Die eingeatmete Luft kann nicht oder nur schwer ausgeatmet werden. Deshalb bleiben die Lungenbläschen mit Luft gefüllt, was ein erneutes Einatmen unmöglich macht. Verschlimmert wird dies durch die Schwellung der Bronchialschleimhaut und durch die Absonderung eines zähen Schleimes.

Ursachen: Auslöser des Asthmaanfalls können fast alle Stoffe sein, mit denen man im täglichen Leben in Kontakt kommt, z. B. Tierhaare, Schimmelpilze, Hausstaub, Umweltgifte. Nicht zu unterschätzen sind auch seelisch-nervöse Belastungen, die Ursache für einen Anfall sein können bzw. die die Widerstandskraft so schwächen, dass der Organismus noch empfindlicher auf die genannten Stoffe reagiert.

Abhilfe: Die Asthmabehandlung sollte einen ganzheitlichen Ansatz haben, also Körper und Psyche in der Therapie berücksichtigen. Gut sind alle Entspannungstechniken wie autogenes Training, Meditation, ferner Yoga, Qui Gong, auch die ayurvedische Medizin bietet gute Heilansätze für Asthma.

Alant – Wurzel mit Tiefgang

Nicht nur in seiner Urheimat Zentralasien kennt man die Heilwirkung des Alants und nutzt seinen positiven Einfluss bei Erkrankungen der Atemwege, ferner bei Magenschwäche, Darmentzündung und zur Blutreinigung. Inhaltsstoffe wie entspannende ätherische Öle, desinfizierender Kampfer und entzündungshemmendes Azulen lösen die Verkrampfung der Luftwege, fördern den Schleimfluss und reduzieren Angstgefühle.

Alanttee: ½ TL fein geschnittene Alantwurzel pro Tasse Aufguss, 5 – 10 Minuten ziehen lassen und abgießen. Bei starker Verschleimung können Sie mit 1 TL Honig pro Tasse süßen und 2 – 3 Tassen täglich trinken.

Alanttinktur: 50 g geschnittene Alantwurzel, 20 g Wermutkraut, 30 g Tausendguldenkraut, 50 g süße getrocknete Orangenschalen in 1,5 Liter 60-prozentigen Branntwein ansetzen. 10 – 12 Tage bei Zimmertemperatur ziehen lassen, den Rückstand abpressen und die Tinktur mehrmals abfiltern. Bei Verschleimung der Atmungsorgane 3 mal täglich je etwa 15 Tropfen davon einnehmen.

Nur kalt ansetzen – den Eibisch

Hauptsächlich sein hoher Gehalt an pflanzlichem Schleim wirkt sich sehr günstig bei Asthma, aber auch anderen Erkrankungen der Luftwege aus. Daneben enthält er Stärke, Pektin, Asparagin, Mineralstoffe, Enzyme und Apfelsäure. Eine Besonderheit des Eibischs ist, dass er zur

Schonung der Schleimstoffe nur im Kaltauszug zubereitet werden soll. Mit anderen Pflanzen gemischt, sollte Eibisch stets separat kalt angesetzt und dann leicht erwärmt werden. Erst dann sollte er anderen Tees zugegeben werden.
Teerezept: 1 – 2 TL Eibisch (Mischung aus Blättern, Blüten und Wurzeln) mit einer Tasse kaltem Wasser ansetzen und ca. 8 Stunden ziehen lassen. Danach leicht anwärmen, die Blätter abfiltern und etwa 3 Tassen täglich trinken. Bei starker Verschleimung können Sie einen TL Honig zugeben.

Reizmildernd und antibakteriell – Isländisch Moos
Diese Moosflechte enthält mehr als 50 % Schleim und reichlich antibiotische Wirkstoffe, ferner Vitamin B 12, Stärke, bittere Flechtensäure und Kieselsäure. Sie wird in der Naturheilkunde wegen ihrer reizmildernden, schleimlösenden und antibakteriellen Wirkung sehr geschätzt. Gerade diese Kombination an Biostoffen hat sich auch bei Asthma und Lungenerkrankungen sehr bewährt.
Teerezept: 1 TL Isländisch Moos mit kaltem Wasser für mehrere Stunden ansetzen, die Mischung erhitzen und abfiltern. 2 – 3 Tassen ungesüßten Tee pro Tag trinken.

Schutzschild für die Atemwege – Spitzwegerich
Neben harmonisierenden Glykosiden, schleimlösenden Saponinen und kräftigenden Bitterstoffen wirken sich immunstärkende Chlorophylle und Schleimstoffe heilend auf asthmatische Beschwerden aus. Spitzwegerich wirkt sowohl schleimlösend als auch auswurffördernd. In der folgenden Teemischung ergänzen sich einige bronchienwirksame Kräuter.
Teerezept: 100 g Spitzwegerichblätter, je 50 g Lungenkraut und Brennnesselblätter sowie je 25 g Huflattichblätter und Schafgarbe. Die Kräuter gut durchmischen und pro Tasse Aufguss 1 gehäuften TL abnehmen. Nach 5 – 10 Minuten Ziehzeit abfiltern und 2 – 3 Tassen täglich trinken.

Augenbeschwerden

Unsere Augen sind sozusagen Hochleistungssportler, von denen wir stets beste Leistung und dies unter allen Bedingungen erwarten. Gelegentlich, oder auch regelmäßig weisen Augen nachdrücklich darauf hin, dass sie etwas „juckt". Sie röten sich, brennen, jucken und tränen.
Ursachen: Arbeit am Computerbildschirm, staubige, rauchige und sauerstoffarme Umgebung, aber auch beginnende Fehlsichtigkeit können Augenbeschwerden hervorrufen. Bei extremen äußeren Einflüssen wie Kälte, Wind oder intensiver Sonneneinstrahlung verschlimmern sich die Symptome. Möglicherweise reagieren die Augen und die Lidhaut auch auf ein kosmetisches Präparat, auf Kontaktlinsenmittel oder auf Augentropfen (z.B., wenn diese über das Verfalldatum hinaus benutzt werden).

Abhilfe: Als angenehm werden meist kühlende, leicht feuchte Augenauflagen empfunden. Danach sollten Sie die Augen gut trocknen und auf keinen Fall der Zugluft aussetzen. Sehr gut reagieren Augen auf eine Farbbestrahlung, die auf die geschlossenen Augen gegeben wird. Blaues Licht beruhigt gerötete, juckende Augen. Grünes Licht tut überanstrengten Computeraugen gut.

Ein Trost für die Augen – Augentrost

Beruhigende Glykoside, Euphrastansäure sowie die fetten und ätherischen Öle des Augentrosts rufen seine heilkräftige Wirkung auf die Augen hervor. Einsetzen können Sie das Kraut bei geröteten und überanstrengten Augen, bei Iris- und Lidrandentzündung, grünem Star, Hornhautflecken und -geschwüren, Tränensackentzündungen und tränenden „Heuschnupfenaugen". Aber: Überdosierungen können eine Verschlimmerung des Leidens zur Folge haben. Augentrost muss stets frisch zubereitet und verwendet werden.

Augentrosttee: ½ TL Augentrostkraut pro Tasse Aufguss, nicht länger als 1 – 2 Minuten ziehen lassen und 1 – 2 Tassen pro Tag trinken.

Augenkompresse: Den beschriebenen Tee lauwarm abkühlen lassen und ein Tuch darin tränken. Legen Sie dieses etwa 10 Minuten auf die geschlossenen Lider, und versuchen Sie währenddessen, Lider und Stirn völlig zu lockern und zu entspannen.

Augenbad: Den abgefilterten Augentrosttee zu ⅓ mit abgekochtem, lauwarm abgekühlten Wasser verdünnen und als Augenbad verwenden.

Fenchel für einen klaren Blick

Die Volksheilkunde besagt, dass der Fenchel nicht nur den Magen stärke, sondern auch zu einem „klaren Blick" verhelfe. Tatsächlich klingen durch seine schleimhautwirksamen, entspannenden Inhaltsstoffe, wie ätherische und fette Öle und die enthaltenen Eiweißstoffe, gerötete, brennende Augen ab und werden wieder klar.

Augenkompresse: 1 TL zerdrückte Fenchelfrüchte mit 1 Tasse warmem Wasser übergießen, kurz ziehen lassen und abfiltern. Ein Tuch im Fenchelwasser tränken und etwa 10 Minuten auf die müden, brennenden Augen legen.

Vielseitig beruhigend – die Kamille

Augenbehandlungen, insbesondere bei Entzündungen und Bindehautkatarrhen, sind nur eine der vielen Einsatzmöglichkeiten der Kamille, wofür ihr Reichtum an Inhaltsstoffen spricht. Um nur einige zu nennen: Ätherisches Öl, Kamillenöl, Azulen, Harz, Gummi, Bitterstoffe, Wachs, Fett, organische Säuren etc. Bevorzugen Sie für jegliche Anwendung Kamillenblüten deutscher Herkunft. Sie enthalten am meisten Kamillenöl und Azulen, die in dieser Verbindung eine große entzündungswidrige Kraft entwickeln.

Augenkompresse: Legen Sie ein in lauwarmem Kamillentee getränktes Tuch für ca. 10 Minuten auf die geschlossenen Lider. Intensiver in der Wirkung sind lauwarm aufgelegte Kamillenteebeutel (5 – 10 Minuten).

Duftende Augenpflege mit der Rose
Die Rose genoss im Mittelalter als Heilmittel, u. a. für die Augen, großes Ansehen. Dafür spricht ihr Gehalt an entspannungsfördernden ätherischen Ölen, entzündungshemmenden und gefäßstärkenden Flavonoiden, milden Fetten und adstringierenden Gerbstoffen.
Augenkompresse: 1 Tropfen ätherisches Rosenöl mit einem 1 Tasse kühler Milch und einem TL voll Eidotter gut vermischen. Ein Tuch darin tränken und ca. 15 Minuten auf die Augen legen. Gut bei Augenschmerzen nach Schlag oder Sturz.
Rosenessenz: Gerötete „Heuschnupfenaugen" reagieren sehr gut auf eine homöopathische Essenz, die aus den Blütenblättern der Rose hergestellt wird. Je nach Empfehlung des Homöopathen nimmt man 10 – 15 Tropfen dreimal täglich ein.

Ausschlag, allergischer

Allergische Reaktionen der Haut können sich auf viele körperfremde Stoffe einstellen. Dabei ist es nicht immer einfach herauszufinden, ob überhaupt eine Allergie vorliegt, und wenn ja, auf welche Belastung die Haut allergisch reagiert. Es werden mehrere Erscheinungsbilder der Allergie unterschieden, darunter der Ausschlag und das ebenfalls beschriebene Ekzem. Ein Ausschlag kann klein- bis großflächig mit Rötungen, Schwellungen, Bläschen, Eiterherden, Schuppung und Juckreiz auftreten.
Ursachen: Übermäßige Sonneneinstrahlung, chemisch äußere Einwirkungen aus Umweltgiften, die Inhaltsstoffe kosmetischer Produkte, häufig auch Zusätze in Nahrungs- und Genussmitteln usw. können Ausschläge hervorrufen. Auch Heilpflanzen können zu allergischen Reaktionen führen, vor allem Pflanzen, die der Gruppe der Korbblütler angehören. Dies sind u. a. Alant, Arnika, Artischocke, Beifuß, Kamille, Klette, Sonnenblume, Wasserdost, Wegwarte, Wertmut etc.
Abhilfe: Wichtig ist, den Körper so rasch wie möglich von dem auslösenden Element zu befreien. Tee- und Saftfasten, Umstellung auf vorwiegend kochsalzarme Rohkosternährung, entwässernde Tees aus Birkenblättern, Brennnesseln oder Löwenzahn sowie frische Spargelmahlzeiten und Spargelsaft unterstützen dies. Beruhigend auf die Haut wirken äußerliche Wasseranwendungen, örtlich aufgelegte Heilerdepackungen oder Wickel mit Kamille (wenn keine Korbblütler-Allergie vorliegt) und Acker-Zinnkraut. Es gibt verschiedene Methoden, um den allergieauslösenden Stoff zu entdecken, z. B. den Blut-, Haut-, Schleimhaut- und Läppchentest, den der Hautarzt durchführt.

Leinkraut stillt Schmerzen und Juckreiz
In alten Kräuterbüchern wird das Leinkraut als das Kraut der „stolzen Frauenzimmer" beschrieben. Aus gutem Grund

Verschiedene Teekräuter:
Minze, Salbei, Rosmarin, Melisse

Reich an Mineralien, Vitaminen und Enzymen:
Hagebuttentee

Verschiedene Blütentees:
Ringelblume, Rosen, Kamille Holunder und Malven

Heilkräftige Wirkung auf Herz, Kreislauf und Verdauung:
Lindenblütentee

Entschlackt Blut und Haut:
Brombeerblättertee

Verschiedene Kräuter- und Blütentees: Kamille, Apfelminze, Lavendel, Salbei, Rosen, Lindenblüten, Zitronenmelisse und Ringelblumen

Gut gegen Erkältung und Reizblase:
Holunderblütentee

Getrocknete Pfefferminzblätter und einige Minzarten im Topf: Zitronen- und Ingwerminze, Englische grüne Minze, Orangen- und Ananasminze

– es besitzt einige Wirksamkeit, so dass es gegen die verschiedensten Hauterscheinungen, vom Ausschlag bis hin zu schlecht heilenden Wunden oder Geschwüren, angeht. Hauptsächliche Heilwirkung wird seinem Inhaltsstoff Linarin und anderen Glykosiden sowie der Apfel-, Ameisen-, Gerb- und Zitronensäure zugeschrieben
Teerezept: 50 g Leinkraut und 30 g Salbei zu einer Teemischung zusammengeben und pro Tasse Aufguss 1 TL abnehmen, 8 – 10 Minuten ziehen lassen, abfiltern und mit Honig gesüßt trinken. 3 – 4 Tassen täglich.
Behandlung: Den genannten Tee können Sie für äußerliche Kompressen oder Umschläge verwenden. Die Zugabe von frischem Leinkrautpresssaft (Apotheke) erhöht die Wirkung.

Stark bei allen Hautschäden – das Kletten-Labkraut
Im blühenden Kraut dieser Pflanze stecken Gykoside, Saponine, Rubichlorsäure, Asperulosid sowie einige Spurenelemente, die den Einfluss auf Haut und Körper ausmachen. Ausschlag, Ekzem, Unreinheiten, Mundentzündungen, sogar krebs- und lepraartige Hauterkrankungen können laut der Volksheilkunde damit behandelt werden. Es wird äußerlich wie innerlich angewandt.
Teerezept: 2 TL Labkraut pro Tasse Aufguss, 5 – 10 Minuten ziehen lassen, abfiltern und 2 – 3 Tassen täglich trinken.
Behandlung: Mischen Sie frischen Labkrautsaft mit weicher Butter, und tragen Sie diese auf die zuvor gereinigten betroffenen Hautstellen auf. Leicht einmassieren oder einige Zeit einwirken lassen und Reste mit einem weichen Papiertuch abnehmen.

Brombeerblätter reinigen gründlich
Ätherisches Öl, Gerbstoff, Pektine, Apfel-, Bernstein-, Milch- und Salizylsäure bewirken eine gründliche Blutreinigung, die die Haut von innen her beeinflusst. Insbesondere die giftentziehenden Pektine und die organischen Säuren tragen zu einer schnellen Ausscheidung bei: Das ätherische Öl unterstützt den Vorgang mit seiner leicht desinfizierenden Wirkung.
Teerezept: 1 TL Brombeerblätter pro Tasse Aufguss. Nach 5 Minuten abgießen und 3 – 4 Tassen täglich trinken.

Bartflechten

Die leicht übertragbaren Hautflechten treten unterschiedlich auf. Bei der nässenden Form bilden sich um die einzelnen Barthaare Bläschen, Eiterherde und Pusteln, die zu schmerzhaften Abszessen, Furunkeln und Karbunkeln führen können. Eine weitere Flechtenart ist die Ringelflechte, auch als „trockene Bartflechte“ bekannt. Hier treten ringförmige, an den Rändern leicht gerötete, juckende Hautstellen auf. Oberlippe, Kinn und Halsbereich sind besonders gefährdete Stellen. Bei Nicht- oder Falschbehandlung greifen die einzelnen Ringe ineinander, und es bilden sich Krusten.

Ursachen: Eitererreger (Staphylokokken) führen zu einer Haarbalg- bzw. Haarbalgdrüsenentzündung, und es kommt zur Ausbildung der nässenden Bartflechte. Neben dieser bakteriell verursachten Flechte können trockene Bartflechten durch Pilzinfektionen ausbrechen.
Abhilfe: Äußerste Sauberkeit mit täglichem Handtuchwechsel, regelmäßige Reinigung und Pflege der betroffenen Stellen, insbesondere nach dem Schwitzen sowie das Desinfizieren des Rasiergerätes vor und nach Gebrauch sind erforderlich. Unterstützend zu den nachfolgenden Rezepten wirkt eine kurze tägliche UV-Bestrahlung. Während der Behandlung sollte der Bart täglich mit der Schere kurz geschnitten werden. Erst nach dem Ausheilen darf wieder rasiert werden.

Stoffwechselfördernd – die Brennnessel
Der blutreinigende Effekt der Brennnessel unterstützt die bereits genannten Heilbehandlungen gegen die Bartflechte. Der reiche Gehalt an Vitamin A, Kieselsäure, Eisen und Gerbsäure in dieser Pflanze vermittelt einige Haut regenerierende Impulse. Weitere Mineralstoffe unterstützen die Reinigung des Blutes und die Entwässerung, wodurch hautschädliche Rückstände im Körper ausgeschieden werden können.
Brennnesseltee: 1 TL Brennnesselblätter pro Tasse Aufguss, 5 – 10 Minuten ziehen lassen, abfiltern und schluckweise 3 – 4 Tassen, am besten ungesüßt, täglich trinken.

Bei nässender Flechte – die Königskerze
Vor allen Dingen bei nässenden Flechten oder wenn sich Eiterstellen gebildet haben, kann die kleine Königskerze (Blüten und Blätter) eingesetzt werden. Die Königskerze zählt zu den schleimreichsten Pflanzen, was sich beruhigend, glättend und pflegend auf die Haut auswirkt. Spurenelemente, ätherische Öle, Bitterstoffe und Saponine tragen zur Hauterneuerung bei.
Äußere Anwendung: 1 TL Blüten und Blätter der Königskerze pro Tasse Aufguss, 5 Minuten ziehen lassen und abfiltern. Wenn der Aufguss lauwarm abgekühlt ist, das zuvor gereinigte Gesicht und die gesamte Bartfläche gründlich damit abspülen. Lassen Sie die Haut anschließend an der Luft trocknen und pflegen Sie sie mit einer parfumfreien Creme oder etwas Öl (z. B. Hagebuttenkernöl, Mandelöl, Aprikosenkernöl).

Gelbe Heilkraft in der Ringelblume
In den gelben Blüten der Ringelblume steckt eine Vielzahl wirksamer Inhaltsstoffe. Wichtig für die erkrankte Haut sind das karotinartige Calendulin, entzündungshemmende Saponine, hautbefreiende (von abgelagerten Zellen) Apfel- und Salizylsäuren sowie nährende Eiweißstoffe und Palmitinsäure. Schon im frühen Mittelalter wurde die Ringelblume zur Wundheilung bis hin zur Behandlung von Geschwüren eingesetzt.
Ringelblumentee: 1 TL Ringelblumenblüten pro Tasse Aufguss, 10 Minuten ziehen lassen und 1 – 2 Tassen täglich

trinken. Die Hautbeeinflussung geschieht so über die Blutreinigung. Ferner können Sie den leicht abgekühlten Tee für etwa 10-minütige Kompressenauflagen auf den Problemstellen verwenden.
Ringelblumenessenz: Die Homöopathie stellt aus Blüten und Blättern der Ringelblume eine Essenz her, die neben anderen Indikationen bei der Bartflechte verwendet werden kann.

Reich an Kieselsäure – das Acker-Zinnkraut

Die Kieselsäure spielt in Bezug auf den hautwirksamen Einfluss des Acker-Zinnkrauts (auch: Ackerschachtelhalm) eine wichtige Rolle, da sie die Regeneration des Hautgewebes und die Funktion der Hautzellen intensiviert. Organische Säuren, einige Mineralstoffe und Spurenelemente sowie ein Alkaloid und ein Saponin tragen zu dieser Wirkung und zu weiteren Einsatzmöglichkeiten dieser Heilpflanze bei.
Absud: 4 EL Acker-Zinnkraut mit 1 Liter kaltem Wasser aufgießen, dann aufkochen und den Sud 15 Minuten zugedeckt ziehen lassen. Filtern Sie das Kraut ab, und waschen Sie damit 1 mal täglich die betroffenen Hautstellen (ohne Seife oder sonstige Zusätze). Wirkungsvoll sind auch Zinnkraut-Kompressen, die etwa 10 Minuten auf die betroffenen Stellen aufgelegt werden.

Blähungen

Während der Verdauung kommt es zu Gasbildungen im Darm, meist einhergehend mit Völlegefühl, Bauchdruck und Darmgeräuschen bis hin zu kolikartigen Schmerzen. Je nach Ursache und Behandlung können Blähungen kurzzeitig, aber auch über mehrere Stunden auftreten.
Ursache: Schwere Speisen, falsche Nahrungszusammenstellung, zu schnelle Umstellung auf (im Prinzip positive) ballaststoffreiche Nahrung, zu wenig Flüssigkeitszufuhr bei ballaststoffreicher Nahrung, kalte und kohlensäurehaltige Getränke, Störungen der Darmflora, Darmkrankheiten, Darmträgheit, Krämpfe der Verdauungsorgane oder Leber-Gallenblasen-Krankheiten. Luftschlucken, Nervosität, Ärger und Konflikte, langes Sitzen und das Tragen enger Kleidung können ebenfalls Blähungen fördern.
Abhilfe: Durch Kräuterbehandlungen können Sie Ihre Verdauungsorgane gut unterstützen. Es empfiehlt sich, etwa ½ Stunde vor einer Mahlzeit die Organe auf die Verdauungsarbeit vorzubereiten. Blähungsvorbeugend sind Tees mit Kümmel, Anis, Fenchel, Koriander. Ferner eignen sich frische Früchte (nicht aus dem Kühlschrank) wie Äpfel, Ananas und Papaya, die besonders die Fett- und Eiweißverdauung fördern. Verzichten Sie auf säurehaltige Getränke (z. B. Orangensaft) in Verbindung mit kohlenhydratreichen Lebensmitteln. Bei Neigung zu Blähungen sollten Sie während des Essens

nichts trinken, um die Verdauungssäfte nicht zu beeinträchtigen. Bei Blähungen auf Grund von Verstopfung hilft am besten 1 bis 2-tägiges Teefasten.

Anis, ein „Verdauungsklassiker"

Bereits Kräuterpfarrer Kneipp lobte die stärkende und wärmende Wirkung des Anis auf die Eingeweide. Aufgrund seines intensiven ätherischen Öles, das hauptsächlich aus blähungslösendem und krampfstillendem Anethol besteht, tritt die Wirkung von Anis meist bald nach der Einnahme ein.

Teerezept: 1 TL zerstoßenen Anis pro Tasse Aufguss, 10 Minuten ziehen lassen. Nach dem Abfiltern in kleinen Schlucken und so warm wie möglich trinken. 2 – 3 Tassen täglich.

Verdauungregelnde Knolle – der Fenchel

Samen, Früchte (Knolle) und Wurzeln des Fenchels bieten einige Möglichkeiten, gegen verschiedene Leiden, so im Bereich der Verdauung, Bronchien, Niere, Blase, Augen eingesetzt zu werden. Der hohe Gehalt an ätherischen Ölen im Fenchel wirkt - ähnlich wie Anis - eindämmend bei Blähungen. Enthalten sind außerdem krampflösendes Fenchon, Anethol, fettes Öl, Eiweißsubstanzen und Zucker. Fenchel regt Magen und Darm zu verstärkter Schleimbildung an, was die Passage des Speisebreis und den Abgang des Stuhls erleichtert.

Teerezept: 1 TL zerstoßener Fenchelsamen pro Tasse Aufguss, 10 Minuten ziehen lassen, abfiltern und vor oder nach der Mahlzeit heiß trinken.

Wickel: Eine größere Menge starken Fencheltee bereiten und ein Tuch damit tränken. Warm auf den Bauch legen und mit einem trockenen Tuch umwickeln. Ca. 20 Minuten wirken lassen, dabei in entspannter Haltung (Nackenrolle unter die Knie) und zugedeckt ruhen.

Kümmel zum Wohl von Magen und Darm

In der Volksheilkunde gilt Kümmel als das zuverlässigste Mittel bei vielen Magen-Darm-Beschwerden. Daneben wirkt er gegen Brechreiz und Magenbrennen, die durch lang anhaltende Blähungen ausgelöst werden können. Die enthaltenen ätherischen Öle, Stärke und Spurenelemente fördern mild die Verdauung und entspannen das gesamte Verdauungssystem. Im folgenden Kräutermix ergänzen sich die beschriebenen Tees mit der befreiend wirkenden Pfefferminze. Insbesondere bei krampfartigen Blähungen bringt die Pfefferminze zusätzlich Linderung.

Teerezept: Anis, Fenchel und Kümmel zu gleichen Teilen mischen. Davon pro Tasse Aufguss 1 TL abnehmen und eine Fingerspitze Pfefferminzblätter zugeben. 8 - 10 Minuten ziehen lassen und warm trinken. Vor dem Aufgießen Anis, Fenchel und Kümmel im Mörser zerstoßen, damit sich die Wirkung der ätherischen Öle voll entfalten kann.

Blasenentzündung

Häufiger spontaner Harndrang sowie Brennen und Schmerzen beim Wasserlassen sind sichere Indizien einer Blasenentzündung (Zystitis), unter der besonders Frauen sehr häufig leiden. Blasenentzündung kann mit krampfartigen Unterleibsschmerzen und blutigem Urin einhergehen, aber auch das Allgemeinbefinden durch Müdigkeit, Übelkeit und Kopfschmerzen beeinträchtigen.
Ursachen: Aufenthalt in Kälte, Nässe, zu leichte Kleidung und Keimübertragung durch Geschlechtsverkehr kommen in Frage. Psychische Probleme können die Abwehrkräfte des Körpers gegen das Eindringen der Bakterien vermindern.
Abhilfe: Warme Kleidung, vor allen Dingen Unterwäsche, Socken sind wichtig. Legen Sie eine Wärmflasche oder Dampfkompresse auf die Blasengegend bzw. heiße Kompressen auf den unteren Rücken. Entkrampfend wirken Massagen mit gewärmten Öl, dem einige Tropfen ätherische Öle zugegeben wurden. Dazu eignen sich Kamille, Bergamotte, Eukalyptus, Lavendel, Wacholder. Sehr wichtig bei einer Blasenentzündung ist reichliches Trinken, mindestens drei Liter täglich, bei einem Verzicht auf Kaffee, schwarzen Tee und Alkohol. Es kommt darauf an, die Anzahl der Bakterien möglichst rasch auszuschwemmen und dadurch auf natürliche Weise zu senken. Die Volksheilkunde rät zu einer „Saft-Schaukeldiät“: drei Tage lang je einen Liter Orangensaft und weitere drei Tage lang je einen Liter Traubensaft. Bei Neigung zu Blasenentzündungen empfehlen sich Urin-Teststreifen, die frühzeitig aussagen, wie es um den PH-Wert sowie den Eiweiß- und Zuckergehalt des Blutes bestellt ist. Verzichten Sie auf das ständige Tragen von Slipeinlagen. Sie können zum Nährboden für Bakterien werden, die so leicht in Scheide und Harnröhre eindringen können.

Krampflösend und entwässernd – die schwarze Johannisbeere
Kräuterpfarrer Kneipp lobte den Blättertee der schwarzen Johannisbeere als ein Mittel gegen schmerzhaftes Urinieren. Selbst in schwierigen Fällen bei Grieß- und Blasenleiden wäre der Blättertee erfolgreich. Die reinigende Kraft dieser Pflanze beruht auf Sauerstoff übertragenden Enzymen (Oxidase), die durch den Spaltungsprozess aus dem enthaltenen ätherischen Öl entstehen. Entzündungswidriger Gerbstoff und organische Säuren ergänzen die Wirkung.
Teerezept: 1 TL getrocknete Johannisbeerblätter pro Tasse Aufguss, 5 Minuten ziehen lassen und abfiltern. Ungesüßt 2 – 3 Tassen täglich trinken.

Für Blase und Niere gut – die Goldrute
Bei Blasenentzündungen, Reizungen und bei Harnverhaltung bietet diese Heilpflanze wirkungsvolle Unterstützung. Sie wirkt auch regenerierend auf das Nierengewebe. Saponine, Flavonoide, ätherische Öle, Gerb- und Bitterstoffe machen

die entwässernde und entzündungshemmende Wirkung dieser Heilpflanze aus. Bei der nachfolgenden Mischung ergänzen sich drei blasenwirksame Heilkräuter.
Teerezept: Je zu gleichen Teilen Goldrutenkraut, Birkenblätter und Bärentraubenblätter mischen und von dieser Kombination 1 TL pro Tasse Aufguss entnehmen und 10 Minuten ziehen lassen. Täglich 2 – 3 Tassen ca. 2 Wochen lang bzw. bis zur Besserung des Leidens trinken.

Stark entwässernd – Birkenblätter
Bei den Birkenblättern verbinden sich die harntreibende, entzündungshemmende und krampflösende Wirkung von ätherischen Ölen, Saponinen und Flavonoiden, weshalb sie gut bei Blasenentzündungen und Wasserstauungen eingesetzt werden können. Reine Birkenblätter-Teeaufgüsse sollen nicht gekocht werden. Eine wirkungsvolle Kombination ist auch das folgende Tee-Quintett.
Teerezept: Je 10 g Birkenblätter, Salbei, Eibischwurzel, Bärentraubenblätter und Zinnkraut (Ackerschachtelhalm) mischen und davon 3 EL mit einem ½ Liter Wasser übergießen. Zugedeckt den ganzen Tag stehen lassen und kleine Mengen davon während des Tages trinken.

Keimwidrig und ableitend – die Kamille
Nach einem Aufenthalt in Kälte und Nässe ist ein heißer Kamillentee ein gutes vorbeugendes Mittel. Da die Kamille mild ableitend, keimwidrig und entzündungshemmend wirkt, kann man mit ihr Beschwerden wirksam vorbeugen. Bei Blasenentzündungen können Sie den geschmacklich angenehmeren Kamillentee, als unterstützendes Getränk zwischen den anderen Heiltees, trinken. Fördernd auf den Heilungsprozess wirken sich die enthaltenen ätherischen Öle, das Kamillenöl, Azulen, Harze und Wachse aus.
Sitzbad: Je 2 EL Kamillenblüten und Zinnkraut in ein feinmaschiges Leinensäckchen geben und verschlossen in die mit heißem Wasser gefüllte Sitzbadewanne hängen. Lassen Sie die Kräuter 10 Minuten ziehen, bevor Sie bei ca. 38 – 39 Grad ein viertelstündiges Sitzbad nehmen. Anschließend sollten Sie ins warme Bett schlüpfen und noch eine Tasse heißen Zinnkrauttee trinken.
Zinnkrauttee: 1 TL Zinnkraut pro Tasse Aufguss, nach 5 Minuten abfiltern und heiß und ungesüßt trinken.

Die Preiselbeere – Keine Chance den Keimen
Die Blätter der Preiselbeere enthalten reichlich Arbutin, ein Glykosid, das im Harn seine keimtötende Wirkung entfaltet. Dazu muss der Harn allerdings basisch reagieren, was mit basenüberschüssiger Ernährung (viel Gemüse, Gemüsesäfte, Obst etc.) zu erreichen ist. Eine ähnliche Wirkung besitzt Bärentraubenblättertee, dessen bitterer Geschmack allerdings nicht jedermanns Sache ist.
Teerezept: 1 TL getrocknete Preiselbeeren im Mörser anquetschen und mit 1 Tasse heißem Wasser übergießen. 5 Minuten ziehen lassen, abfiltern und langsam trinken.

Blutdruck, hoher

Das Risiko von Herzinfarkt und Schlaganfall sowie anderen Gefäßkrankheiten steigt mit der Höhe des Blutdrucks. Um die gesundheitsbedenkliche Höhe des Blutdrucks einschätzen zu können, gibt es altersangepasste Durchschnittswerte. Gemessen wird dabei der systolische Druck (1. Zahl) und der diastolische Druck (2. Zahl). Im Normalbereich liegt ein Blutdruck bei Werten von 120/80. Behandlungsbedürftig wird der Blutdruck beim Erwachsenen bei Werten über 160/95. Anzeichen von einem hohen Blutdruck sind Druck- und Schwindelgefühle, Kopfschmerzen, rasche Ermüdung, Ohrensausen, Herzschmerzen und Gedächtnisstörungen.

Ursachen: Arterienverkalkung, Nervosität, Stress, Nierenleiden, chronische Infektionsherde im Körper, Nikotin- und Kochsalzmissbrauch, manchmal hormonelle Störungen. Normalerweise erhöht sich der Blutdruck ab morgens gegen 6.00 Uhr allmählich, erreicht gegen 18.00 Uhr seinen Höchststand und sinkt gegen 23.00 Uhr zum nächtlichen Tiefststand. Bei zu hohem Blutdruck verläuft die steigende Tendenz rapider, und es kommt auch erst Stunden später zur Tiefstabsenkung. Die Gefäße finden so kaum zu einer Erholungsphase.

Abhilfe: Entspannungsmethoden wie autogenes Training, Meditation, Suggestionstherapie, leichte Freiluft-Sportarten sowie der Abbau von möglichem Übergewicht sind wirksame Blutdrucksenker. Oft bringt die Umstellung der Ernährung auf salzarme Kost mit entwässerndem Reis, hohem Obst- und Gemüseanteil und geringem Anteil an Fleisch- und Wurstwaren schon gute Besserung. Zu beachten sind nervös-psychische Ursachen wie unterdrückte Wut, Ärger, Enttäuschung, die ggf. mit psychotherapeutischer Hilfe aufgearbeitet werden sollten.

Knoblauch – Tiefenkraft in kleiner Knolle

Im Knoblauch stecken einige Kräfte, die sich ausgleichend auf die Blutbahnen auswirken, der Arteriosklerose entgegensteuern und vorbeugen und damit auf Blutdruck und Herz einen positiven Einfluss haben. Inhaltsstoffe wie Allicin, Alliin, Kieselsäure, Saponine und hormonähnliche Stoffe wirken Gefäß erweiternd, blutgerinnungshemmend und blutfettsenkend.

Teerezept: Stellen Sie aus je 25 g Weißdornblüten, Zinnkraut und Mistelkraut eine Grundmischung her und nehmen davon 2 EL ab. Dann 1 klein geschnittene Knoblauchzehe dazugeben und das Ganze mit ¼ Liter kochendem Wasser übergießen und 2 Stunden zugedeckt ziehen lassen. Abgefiltert vor dem Essen trinken.

Ganzheitlich ausgleichend – die Mistel

Mistelkraut gilt sowohl für den hohen als auch für den niedrigen Blutdruck als ausgleichend. Es bewirkt eine Erweiterung der Blutgefäße, wobei der überhöhte Druck absinkt. Ferner stärkt es die Herzmuskulatur, die durch einen erhöhten Blutdruck in Mitleidenschaft gezogen wird und von dieser Wirkkombination mitprofitiert. Wichtiger Inhaltsstoff ist ein reines Pyridin, das blutdrucksenkende und herzstärkende Wirkung besitzt. Es wird ergänzt von Alkaloiden, einem harzartigen Bitterstoff, einem neutralen Saponin, kreislaufwirksamem Cholin, Vitamin C, Palmitinsäure, Kalk, fettem Öl und Phosphorsäure.

Teerezept: 4 TL zerkleinertes Mistelkraut mit 3 Tassen Wasser kalt ansetzen und 6 – 8 Stunden (am besten über Nacht) ziehen lassen. Trinken Sie den Tee in drei Portionen über den Tag verteilt.

Blutdruckregler Weißdorn

Auch der Weißdorn gilt wie die Mistel als Heilkraut, das zu hohe wie zu niedere Werte ausgleicht. Daneben trägt er umfassend zur Herzgesundheit bei und weist dafür ein breites Spektrum an Inhaltsstoffen auf. Dazu zählen gefäßstärkenden Flavonoide, kreislaufregulierende Purinkörper, Gefäß erweiternde cholinartige Stoffe, ferner ätherische Öle, Gerbstoffe und verschiedene Mineralstoffe und Spurenelemente.

Teerezept: 2 TL Blüten und Blätter des Weißdornstrauches pro Tasse Aufguss, 10 Minuten ziehen lassen und abgießen. Trinken Sie täglich 2 – 3 Tassen über einen längeren Zeitraum.

Lapacho – Heilbaum der Indianer

Ähnlich wie beim Rosmarin vollzieht sich die Wirkung des Lapachotees über die Regeneration des Körpers. Der blutdrucksenkende und blutbildende (gut gegen Blutarmut) Einfluss der Rinde ist dabei nur ein kleiner Teil des breiten Wirkspektrums. Insbesondere kann der südamerikanische Rindentee eingesetzt werden, wenn der hohe Blutdruck auf einen Krankheitsherd im Körper bzw. auf ein schwaches Immunsystem zurückzuführen ist. Lapacho stärkt das Immunsystem und fördert seine Abwehrbereitschaft, denn er wirkt antibakteriell und virentötend. Er fördert die Leistung von Leber, Galle, Nieren und Immunsystem und wirkt der Blutarmut entgegen.

Teerezept: 2 TL Lapachorinde in einem Liter kochendes Wasser geben, 5 Minuten leicht köcheln lassen und abfiltern. Diese Menge über den Tag verteilt trinken. Nach einer 6-wöchigen Teekur sollten Sie eine Pause von 4 Wochen einlegen.

Blutdruck, niedriger

Als Symptome des Blutunterdrucks können Kopfschmerzen, Schwindel mit einem Gefühl der Blutleere und Schwäche, ferner häufige Müdigkeit, Antriebsschwäche, Konzentrationsmangel und Neigung zu Ohnmachten auftreten. Im Liegen bessern sich die Anzeichen, da dann die Blutverteilung erleichtert ist. Richtwert für einen niedrigen Blutdruck ist ein systolischer Druck (der erstgenannte Wert) von unter 100. Meist macht sich der niedere Blutdruck auch in einem verminderten, flachen Pulsschlag bemerkbar.

Ursachen: Blutarmut, Infektionen, Krankheitsherde im Körper, Stoffwechselstörungen, allgemeiner Erschöpfungszustand, Mangelernährung, Nikotinmissbrauch, Depressionen und seelische Belastungen stellen das weite Feld der Ursachen dar, die in Betracht gezogen werden sollten.

Abhilfe: Da auch verschleppte Infektionen und Krankheitsherde den Blutdruck beeinträchtigen, sollten mögliche körperliche Gründe vom Arzt abgeklärt werden. Ihre Fitnessernährung sollte reichlich aktivierendes Vitamin C, nervenstärkendes Vitamin B 6 sowie Mangan und Zink enthalten, die den Stoffwechsel fördern. Beachten Sie körperlich-seelische Erschöpfungszustände, und gleichen Sie sie durch Spaziergänge, leichte Gymnastik und Schwimmen aus. 10-minütige rote Farbbestrahlung der Körpervorderseite bringt neuen Schwung, sollte aber nur durchgeführt werden, wenn keine Infektionen den Blutniederdruck hervorgerufen haben.

Ausgleichendes Blutdruckduo – Mistel und Weißdorn

Mistel wie Weißdorn besitzen – wie beim Bluthochdruck schon beschrieben – eine tendenziell ausgleichende Wirkung. Beim folgenden Teegemisch ergänzen Pomeranzenschalen mit ihrem leicht anregenden Einfluss diese Wirkung.

Teerezept: Je 20 g Weißdornblüten und Pomeranzenschalen sowie 30 g Mistelkraut gut vermischen. Von dieser Mischung 1 – 2 TL pro Tasse Aufguss abnehmen. 10 Minuten ziehen lassen, abfiltern und 2 – 3 Tassen täglich trinken.

Rosmarin – ein duftender Kreislaufmotor

„Ich stelle den Rosmarin unter die ersten Heilpflanzen als wahren Herzstärker", lobte Kräuterpfarrer Kneipp diese Pflanze. Die Wirkung des Rosmarins vollzieht sich über den Gesamtorganismus, der angeregt und gekräftigt wird. Dadurch wird ein schwacher Kreislauf mit zu niedrigem Blutdruck und flachem Puls von Grund auf geheilt. An Heil- und Wirkstoffen enthält der Rosmarin ätherisches Öl, Harz, Gerb- und Bitterstoffe sowie Saponine.

Teerezept: 1 TL Rosmarin pro Tasse Aufguss, 5 Minuten ziehen lassen und abgießen. Da Rosmarin eine intensive Wirkung besitzt, sollte man von diesem Tee nur 1 Tasse täglich trinken. Ein Zuviel kann Nebenwirkungen wie Krämpfe hervorrufen.

Bei Schwächegefühl: Geben Sie 2 – 3 Tropfen ätherisches Rosmarinöl auf ein feuchtes Papiertuch und atmen Sie den Duft einige Minuten ein. Bei Blutleeregefühl im Kopf drücken Sie das Tuch einige Minuten auf die Stirn und massieren die Schläfen leicht mit den Fingerspitzen.

Blutreinigung, Fasten und Abnehmen

Übergewicht, hohe Blutfettwerte, Unwohlsein, unreine Haut, Müdigkeit, Antriebslosigkeit, Konzentrationsmangel, Übelkeit, Neigung zu Infektionen, Kopfschmerzen, allgemeines Unwohlsein, Gelenkbeschwerden und viele andere Symptome, wie sie auch im Kapitel „Fastenindikationen“ beschrieben werden, können das Signal für eine umfassende Blutreinigung bzw. eine Fastenkur sein.

Ursachen: Jahrelange Fehlernährung – ob Fastfood, Üppig-Ernährung oder einseitige eiweißreiche Diäten (z. B. nach Atkins) hinterlassen nicht nur überflüssige Pfunde auf den Hüften, sondern auch Spuren im Blut, die nach und nach zu den schon besprochenen Kalkplaques der Arteriosklerose führen können. Darmgifte, die durch Fäulnisbildungen und durch häufige oder chronische Verstopfung ins Blut gelangen, schwächen den Organismus. Auch die Rückstände längerer medikamentöser Behandlungen, von Narkosen, Lebensmittelzusätzen und Umweltgiften „reichern“ das Blut mit unerwünschten Stoffen an.

Abhilfe: Die konsequenteste und erfolgreichste Art, eine Blutreinigung durchzuführen, ist das Tee- und Saftfasten und zwar über eine Dauer von mindestens zwei Wochen. Während dieser Zeit stellt sich der Stoffwechsel im Körper völlig um, und zwar auf Ernährung von innen. Nun wird alles abgebaut und „verzehrt“, was an überflüssigen Stoffen in Blut, Leber und Gewebe lagert. Fett und Schlacken schmelzen mit einigen überflüssigen Pfunden dahin. Wirkungsvoll ist auch das reine 2 – 3-wöchige Früchtefasten.

Umfassende Blutreinigung mit Rose und Ringelblume

Bei diesem Tee-Duo ergänzen sich zwei Heilpflanzen, die in ihrem Zusammenwirken eine umfassende Blutreinigung bewirken, basierend auf der milden Aktivierung des Verdauungssystems und der Harmonisierung der inneren Organe. Die Ringelblume trägt mit ihren zellwirksamen, wundreinigenden und adstringierenden Inhaltsstoffen wie Calendulin, Laurin, Myristin sowie Palmitin-, Apfel- und Salizylsäure dazu bei. Bestens ergänzt wird sie von den ausgleichenden ätherischen Ölen, adstringierenden Gerbstoffen und Quercetin sowie den organischen Säuren der Rose.

Teerezept: Je 1 TL Ringelblumenblüten und Rosenblüten pro Tasse Aufguss, 5 Minuten ziehen lassen und abfiltern. Trinken Sie etwa 4 Tassen täglich von diesem Tee.

Abspecken mit Kletten-Labkraut

Kräuterpfarrer Künzle (1857–1945) wie auch die Volksheilkunde empfahlen das Labkraut gegen krankhafte Fettsucht. In sein Wirkspektrum fallen noch weitere Heilkräfte, z. B. wirkt es Wassereinlagerungen entgegen und bereinigt verschiedene Hautkrankheiten von innen. Mit seinen Inhaltsstoffen wie Glykosiden, Saponinen, Rubichlorsäure, Asperulosid, Zitronen- und Galitannsäure kann es eine Fasten- und Blutreinigungskur gut unterstützen.

Teerezept: 2 TL pro Tasse Aufguss, 5 Minuten ziehen lassen und abfiltern. 2 – 3 Tassen täglich, im Wechsel mit anderen Tees. Daneben können Sie frischen Labkrautpresssaft mit etwas Wasser verdünnt einnehmen.

Gesundes Blut mit Brennnesselblättern
Von der entschlackenden und blutreinigenden Wirkung der Brennnessel profitiert der gesamte Organismus, so die Leber, die Bauchspeicheldrüse, die Nieren, die Darmzellen und das Blut. Dafür spricht die Kombination der Inhaltsstoffe aus entwässerndem Kalium, antioxidativ und zellwirksamem Vitamin A, blutbildendem Eisen und dem Enzym Sekretin. Harmonisch ergänzt werden diese von Magnesium, Kieselsäure und Calcium, pflanzlichen Hormonen, Gerbstoffen, Stärke und organische Säuren.

Teerezept: 2 TL Brennnesselkraut pro Tasse Aufguss, 10 Minuten ziehen lassen, abfiltern und bis 4 Tassen täglich trinken.

Entschlackt über die Haut – die Linde
Lindenblüten regen die Schweißabsonderung an. Das hat den Vorteil, dass harnsaure Stoffwechselprodukte auch über die Haut ausgeschieden werden können. Besonders bei Schwellungen und Schweregefühl durch Wasseransammlung und bei rheumatischen Ablagerungen besitzt die Linde erleichternde und belebende Wirkung auf den Organismus. Sie wirkt außerdem krampfstillend und schleimlösend, weshalb sie bei Nierenbeschwerden und bei Verschleimung der Bronchien eingesetzt werden kann. In den Lindenblüten stecken schweißfördernde Glykoside, Gummi-, Schleim- und Gerbstoffe, Saponine, gefäßwirksames Vitamin C und Rutin sowie Enzyme, Linolsäure, Harze und Stärke.

Teerezept: 1 TL Lindenblüten pro Tasse Aufguss, 5 Minuten ziehen lassen und abfiltern. 2 – 3 Tassen täglich zur Kur trinken, danach wieder absetzen. Ein Dauergebrauch des intensiv wirkenden Tees könnte zu einer Herzschädigung führen.

Reine Haut mit Stiefmütterchen
Mit dem Einsatz von Stiefmütterchen während der Blutreinigungskur beeinflussen Sie besonders alle Hautleiden, z. B. Ekzeme, Ausschläge, skrofulöse Hauterkrankungen, Milchschorf, Juckreiz, Eiterherde und Bläschenbildung. Ferner Erkrankungen der Harnorgane sowie Nerven- und Herzschwäche. Gerb- und Schleimstoffe, Salizylsäure, ätherisches Öl, das Anthocyan Violanin sowie reichlich Kalk und Magnesium fördern die blutreinigende, harn- und schweißtreibende und immunstärkende Wirkung des Stiefmütterchens. Beim nachfolgenden Teerezept ergänzen sich drei wirksame Heilpflanzen zur intensiven Blutreinigung.

Teerezept: 50 g Stiefmütterchenkraut und je 20 g Brennnesselkraut und Holunderblätter gut vermischen. Von dieser Teebasis 1 gehäuften TL pro Tasse Aufguss entnehmen. 3 Minuten ziehen lassen, abfiltern und mit Honig süßen, der den blutreinigenden Effekt verstärkt. 2 Tassen pro Tag während 8 – 14 Tagen trinken.

Darmkatarrh

Ein Darmkatarrh ist eine Entzündung des Dünn- und Dickdarms. Durchfall, Erbrechen, Blähungen und Fieber können Symptome eines Darmkatarrhes sein. Bei chronischen Katarrhen können Phasen von Durchfall und Verstopfung mit Schleim und Blut im Stuhl abwechseln. Ähnliche Symptome treten beim Dickdarmkatarrh auf, der häufig einen chronischen Verlauf mit Neigung zu Verstopfung nimmt.

Ursachen: Infektionen, Vergiftungen, Allergien, Leberschwäche, Ernährungsfehler oder ein Sonnenstich können bei Darmkatarrhen in Betracht kommen. Dickdarmkatarrhe entstehen meist aufgrund allergischer Reaktionen, auch seelisch-nervöse Störungen können ausschlaggebend sein.

Abhilfe: Wichtig ist das medizinische Abklären, ob eine Allergie besteht. Der allergieauslösende Stoff, z. B. ein Nahrungsmittel, muss dann natürlich strikt gemieden werden. Die Heilung unterstützen Farbbestrahlungen in gelb, die 1 – 2 mal täglich ca. 20 Minuten auf den Bauchbereich gegeben werden. Die wirkungsvollste Darmschonung ist reines Teefasten, zumindest eine Woche, bei dem auch auf säurehaltigen Säfte verzichtet wird. Je nach Gesundheitszustand sollten Sie das Fasten mit dem Arzt oder Heilpraktiker absprechen.

Magen-Darmspezialist Schafgarbe

Die Schafgarbe gilt als bewährtes Mittel bei Darmkatarrh sowie bei anderen Beschwerden im Verdauungssystem, so bei Magenkrämpfen, Blähungen oder Leber-Gallenbeschwerden. Dies beruht auf ihrem hohen Gehalt an verdauungswirksamen Bitterstoffen (vor allem Achillein) und ätherischen Ölen. Wie die Kamille enthält die Schafgarbe das entzündungshemmende Azulen und eine Vielzahl weiterer Inhaltsstoffe, so Palmitin-, Salizyl-, Ameisen-, Essig- und Isovaleriansäure, Asparagin, Eiweiß, einen Vitamin A-ähnlichen Stoff sowie Vitamin C.

Teerezept: 1 EL Schafgarbenkraut mit ¼ Liter kochendem Wasser übergießen, 5 Minuten ziehen lassen und abfiltern. Trinken Sie diese Menge über den Tag verteilt.

Abwechslung im Quartett

Kamille, Schafgarbe, Kletten-Labkraut und Pfefferminze können Sie täglich abwechselnd bis zur Ausheilung des Darmkatarrhes trinken. Zur Ausheilung des Leidens trägt jede Pflanze mit ihrer speziellen Wirkung bei – keimhemmend und krampflösend die Kamille, blähungswidrig und entzündungshemmend die

Schafgarbe, reinigend und schmerzauflösend das Kletten-Labraut, entkrampfend und den Brechreiz auflösend die Pfefferminze.
Teerezept: Trinken Sie pro Tag 2 - 3 Tassen (1 TL pro Tasse, 5 - 10 Minuten ziehen lassen) von einer ausgewählten Teesorte, und wechseln Sie dann am nächsten Tag.

Baldrian bringt Ruhe in Gemüt und Darm
Nervosität, Ängste, Stress und neurotische Zustände können zu verschiedenen Verdauungsstörungen führen, zu krampfartigen Zuständen, Übelkeit, Brechreiz bis zur Kolik oder zum Darmkatarrh. Die charakteristisch beruhigende Wirkung des Baldrians ist hauptsächlich auf den Inhaltsstoff Isovaleriansäure zurückzuführen. Ferner sind Gerb- und Schleimstoffe, Harze, Stärke, Zucker sowie verschiedene, organische Säuren enthalten. Baldrian kann gut mit anderen beruhigenden Heilpflanzen gemischt werden. Im folgenden Rezept wird der Baldrian von zwei darmwirksamen Kräutern ergänzt.
Teerezept: 1 - 2 TL getrocknete fein geschnittene Baldrianwurzel morgens mit einer großen Tasse kaltem Wasser ansetzen und über denTag ziehen lassen. Am Abend abfiltern und den Tee unter Zugabe von etwas zerstoßenem Fenchel und Anis erhitzen und abfiltern. Warm in kleinen Schlucken trinken. Insgesamt 2 - 3 Tassen täglich.

Ein wertvolles Kraut – das Tausendguldenkraut
Ungenügende Verdauungssäfte und Blähungen können zu Darmkrämpfen führen, und bei diesen Beschwerden hat sich das Tausendguldenkraut bewährt. Heilwirksam im Vordergrund steht das Bitterstoffglykosid Erythrocentaurin, das auch häufig in bittere Magentropfen eingearbeitet wird. Ätherisches Öl, Fettsäuren, Palmitinsäure, Schleim, Stärke, Magnesium usw. ergänzen die Wirkung. Mit dem Tausendguldenkraut regulieren sich auch andere Beschwerden, die sich durch den Darmkatarrh ergeben können, z. B. Kreislaufschwierigkeiten, Müdigkeit und Erschöpfung. Im folgenden Rezept vereinen sich Kamille und Tausenguldenkraut.
Teerezept: ½ TL Tausenguldenkraut mit 1 Tasse kaltem Wasser übergießen und 6 - 8 Stunden ziehen lassen. 1 TL Kamille mit 1 Tasse heißem Wasser übergießen und 5 Minuten ziehen lassen. Danach beide Tees zusammengeben und kurz erwärmen. Zwei Tassen täglich, nur vor den Mahlzeiten, trinken.

Durchfallerkrankungen

Dünnflüssige, oft mit Krämpfen einhergehende Durchfälle schwächen den Organismus sehr schnell, insbesondere, wenn der Durchfall mit Erbrechen und Fieber auftritt. Beim Brechdurchfall liegt zusätzlich eine Entzündung der Magenschleimhaut vor.

Ursachen: Infektionen, kalte Getränke, verdorbene Nahrung und Vergiftungen zählen zu den häufigsten Gründen von Durchfallerkrankungen. Ferner können Störungen der Darmflora, Erkrankungen der Bauchspeicheldrüse, Darmgeschwüre, aber auch eine Überfunktion der Schilddrüse dazu führen.

Abhilfe: Wichtig ist, den oft großen Flüssigkeitsverlust auszugleichen. Trinken Sie kohlensäurefreies Mineralwasser und ungesüßten Tee, da Zucker den Durchfall verschlimmert. Jodsalzhaltige Brühen füllen die ausraubten Mineralien,- Salz- und Spurenelementespeicher wieder auf. Rasche Besserung bringt meist konsequentes Teefasten mit gerbstoffreichen und antibakteriell wirkenden Teesorten für 1 – 2 Tage. Danach erfolgt ein darmschonender Aufbau, wozu sich Hafer- und Reisschleim bestens eignet. Nach spätestens 3 Tagen Eigenbehandlung sollte eine deutliche Besserung eingetreten sein. Ist dies nicht der Fall, ebenso, wenn höheres Fieber auftritt, sollten Sie den Arzt aufsuchen.

Keimtötende Kraft in Wacholder

Das Wirkspektrum des Wacholders ist sehr groß, darunter fallen auch Durchfall - und entzündliche Darmkrankheiten bis hin zur infektiösen Darmkolik. Mit einem hohen Gehalt an ätherischen Ölen (reichlich Terpene), dem Bitterstoff Juniperin, Gerbstoffen und einem Gerbstoffglykosid, Pektin, apfelsaurem Kalk, Kalium usw. bewirkt Wacholder durch seine keimtötende Wirkung auf Kolibakterien eine gründliche Befreiung von Fäulnis- und Gärprozessen. Er fördert die Tätigkeit und Sekretion von Darm und Magen und stellt damit die Weichen für eine Ausheilung der Beschwerden.

Teerezept: 1 TL zerquetschte Wacholderbeeren pro Tasse Aufguss, 5 – 10 Minuten ziehen lassen und abfiltern. Trinken Sie 2 – 3 Tassen des ungesüßten Tees täglich. Heilkräftig ist auch eine Teemischung je zu gleichen Teilen aus Wacholderbeeren, Wermutkraut und Kamille.

Blaue Kraft in Heidelbeeren

Wegen ihrer bakterienhemmenden und schleimhautschützenden Wirkung können Blätter und Früchte der Heidelbeeren bei Durchfallkrankheiten eingesetzt werden. Insbesondere der Gerbstoffreichtum der Früchte und der Gehalt am Glykosid Myrtillin in den Blättern wirken dem Durchfall entgegen. Weitere Inhaltsstoffe wie das desinfizierende Arbutin, Chinasäure, Pektine, Apfel-, Zitronen-, Oxal- und Bernsteinsäure ergänzen die Heilwirkung dieser Pflanze.

Teerezept: Je 1 TL getrocknete Heidelbeeren (anquetschen) und 1 TL Heidelbeerblätter pro Tasse Aufguss und 10 Minuten ziehen lassen. Nach dem Abfiltern den Tee zuckerfrei in kleinen Schlucken trinken. 2 – 3 Tassen täglich.

Bitter, aber heilkräftig – der Wermut

Wermut behandelt eine Vielzahl von Magen-Darmproblemen, so alle krampfartigen Beschwerden, Durchfälle, aber auch Verstopfung, Magendruck, Magenkatarrh,

Magenübersäuerung usw. Daneben aktiviert er die Blutbildung und stärkt den Kreislauf, der bei Durchfallerkrankungen oft stark in Mitleidenschaft gezogen ist. Zurückzuführen ist seine gezielte Wirkung hauptsächlich auf das enthaltene ätherische Wermutöl, das Absinthol, welches sich wiederum aus einer Reihe von Bitterstoffen und Glykosiden zusammensetzt. Terpene, entzündungshemmendes Azulen sowie Kalium und Mangan tragen ferner zur Wiederherstellung der Darmgesundheit bei.

Teerezept: 1 TL Wermutkraut pro Tasse Aufguss, 5 Minuten ziehen lassen und abfiltern. Ungesüßt 1 – 2 Tassen täglich trinken.

Erste Hilfe durch Schwarzen Tee

Ein Vorrat an Schwarztee ist in fast jedem Haushalt vorhanden, während man sich spezielle Teekräuter vielleicht erst noch besorgen muss. Sie können Schwarztee sozusagen als „erste Hilfe" anwenden, denn er enthält reichlich Gerbstoffe, die eine stopfend-beruhigende Wirkung auf den Darm besitzen. Daneben wird der Körper mit den Spurenelementen Fluor und Mangan versorgt, die zum einen die Bildung von Mundbakterien hemmen, zum anderen die Entgiftung des Körpers fördern und die Abwehrkräfte steigern. Damit diese dem Tee reichlich entzogen werden können, sollten Sie ihn 10 Minuten ziehen lassen.

Teerezept: 1 TL Schwarztee pro Tasse Aufguss und 10 Minuten ziehen lassen. Nach dem Abfiltern zucker- und milchfrei 3 – 4 Tassen täglich trinken. Sie können Schwarztee auch zur Abwechslung zwischen anderen Tees trinken.

Ekzem und unreine Haut

Das Ekzem zählt zu den hartnäckigsten allergischen Reaktionen, die häufig noch von anderen allergischen Krankheiten wie Asthma oder Heuschnupfen begleitet werden. Bei dieser nicht ansteckenden Hauterscheinung treten quälender Juckreiz, brennende gerötete Hautstellen, Quaddeln, Eiterpusteln Schuppen, Schrunden und Hautrisse auf. Es kann sich dabei um einzelne, kleine Hautbereiche handeln, aber auch ein großflächiges Auftreten in Gesicht und am ganzen Körper ist möglich.

Ursachen: Das Ekzem kann als Folge von Nahrungs-, Genuss- und Arzneimittelkonsumierung entstehen oder durch Kontakt mit Metallen, Kunststoffen und Pilzinfektionen verursacht werden. Ob es zur Besserung des Leidens kommt oder zu einem (Wieder-)Ausbruch hängt zum Teil stark von der psychischen Verfassung des meist übersensiblen Patienten ab. So kann es nach einer scheinbaren Heilung zu einem schweren Rückfall kommen, wenn eine bestimmte seelisch belastende Situation (wieder) eintritt.

Abhilfe: Als Basistherapie kann eine Ernährungsumstellung zu vegetarischer Kost, ergänzt von regelmäßigem Fasten, Besserung bringen. Man sollte unbedingt auf Seife zur Reinigung verzichten und statt derer Syndets (synthetische Waschmittel) verwenden. Einige alternative Behandlungsmethoden wirken sich positiv auf die nervlich stark belasteten Ekzempatienten aus, z. B. autogenes Training, Meditation, Aroma- und Farbtherapie, Fußreflexzonenmassage, Eigenbluttherapie sowie Akupunktur.

Hilft bei chronischen Hautkrankheiten – der Spitzwegerich

Bekannt ist der Spitzwegerich vor allen Dingen wegen seiner positiven Wirkung auf die Atmungs- und Verdauungsorgane. Kräuterpfarrer Kneipp empfahl ihn außerdem bei langwierigen und chronischen Hauterkrankungen. Zum einen trägt er durch eine intensiv angeregte Blutreinigung zur Besserung des Leidens bei, zum anderen fördert er beim nässenden Ekzem die Wundheilung. Zu seinem großen Wirkstoffpaket zählt eine wertvolle Chlorophyllart, die die Blut- und Gewebebildung fördert, hinzukommen Glykoside, Saponine, Bitterstoffe, tanninähnliche Stoffe, Schleimstoffe, Provitamin A, C und K.

Teerezept: 2 TL pro Tasse Aufguss, 5 Minuten ziehen lassen, abfiltern und mit Honig süßen. 2 – 3 Tassen täglich. Mehrmals täglich können Sie zusätzlich mit Wasser verdünnten Spitzwegerichpresssaft einnehmen. Bezüglich der Menge sollten Sie sich in Apotheke oder Reformhaus beraten lassen.

Hautpflege: Wegen seiner trocknenden und zusammenziehenden Wirkung eignet sich Spitzwegerichpresssaft, um nässende Ekzeme äußerlich zu behandeln: Tupfen Sie die betroffenen, gereinigten Hautstellen damit ab, und lassen Sie die Haut dann an der Luft trocknen.

Brunnenkresse – intensiv auf allen Ebenen

Die Brunnenkresse besitzt starke Reinigungskraft, durch die einige Abläufe im Körper angeregt, verbessert und reguliert werden, so die Blutbildung, Harnausscheidung, Funktion von Leber, Drüsen und Hautzellen. Beteiligt an den Vorgängen sind das enthaltene Senfölglykosid Glukonasturtin, ätherische Öle, Kalium, Eisen, Jod, Gerbstoffe und Zucker sowie die ebenfalls hautwirksamen Vitamine A, C und D. Eine Kur mit der intensiv reinigenden Brunnenkresse sollte nicht länger als vier Wochen dauern.

Süße Körperreinigung: Zu diesem blutreinigenden Sirup benötigen Sie 300 g frische Brunnenkresse und 500 ml abgekühltes Zuckerwasser (500 ml Wasser auf 500 ml braunen Rohrzucker oder Honig). Beide Anteile mischen und zusammen aufkochen lassen, bis die Mischung eine dickflüssige Konsistenz hat. In eine Flasche abfüllen und täglich 1 – 2 Likörgläschen davon trinken.

Frischer Genuss: Viel frisches Gemüse und Salate sollten während Ihrer Hautkur auf dem Speisezettel stehen, den Sie schmackhaft und hautgesund mit frischer Brunnenkresse abrunden können. Ergänzend können Sie 1 El voll frischen Pflanzensaft 2 – 3 täglich jeweils auf ein kleines Glas Wasser einnehmen.

Hautauflage: Legen Sie ein Tuch mit verdünntem Kressepresssaft auf die betroffenen, zuvor gereinigten Hautstellen. Etwa 10 Minuten einwirken lassen und die Haut an der Luft trocknen.

Schöllkraut – desinfizierend und juckreizlindernd

Die im Schöllkraut enthaltenen Alkaloide wirken deutlich desinfizierend. Sie hemmen Eitererreger, die das Ekzem verschlimmern würden. Daneben wirkt Schöllkraut hautberuhigend und schmerzstillend. In Anbetracht des häufigen Ekzem-Juckreizes ist dies sehr wohl tuend für die oft strapazierten Nerven der Betroffenen. Die Wirkstoffe Protopin und Berberin spielen durch ihre bakterienhemmende und pilztötende Wirkung eine wichtige Rolle, ergänzt von dem Einfluss der Alkaloide, ätherischen Öle sowie der Zitronen- und Apfelsäure.

Teerezept: 1 TL Schöllkraut mit kochendem Wasser aufgießen, 5 Minuten ziehen lassen und abfiltern. Trinken Sie täglich 2 – 3 Tassen, auf Wunsch mit Honig gesüßt.

Hautpflege: Den frischen Milchsaft des Schöllkrauts äußerlich auf die erkrankten Hautstellen sparsam auftupfen und trocknen lassen. Die Häufigkeit dieser Anwendung sollte mit einem kräuterkundigen Hautarzt oder Heilpraktiker abgesprochen werden.

Zinnkraut zur Geweberegeneration

Die Volksheilkunde lobt insbesondere die „Blutentmischung", d. h. die Blutreinigung, die durch das Acker-Zinnkraut (Ackerschachtelhalm) angeregt wird und sich sehr günstig auf Ekzeme, Geschwüre, Flechten (siehe auch Bartflechten), Hautunreinheiten usw. auswirkt. Neben dem Saponin Equisetonin und einer Reihe von Mineralstoffen und Spurenelementen aktiviert der hohe Kieselsäuregehalt dieser Pflanze die Zell- und Geweberegeneration der Haut und fördert ein gesundes Hautbild.

Teerezept: 1 TL Zinnkraut mit einer Tasse kaltem Wasser ansetzen, 1 Minute aufkochen, kurz ziehen lassen und den abgefilterten Tee schluckweise trinken. 2 – 3 Tassen täglich. Sie können diesem Tee noch einige getrocknete Apfelschalenstücke beigeben. Das unterstützt seine blutreinigende Wirkung.

Äpfel für einen rosigen Teint

Ob als Tee, Saft, Essig oder einfach als knackiges Obst gegessen – im Apfel steckt eine Vielzahl hautfreundlicher Inhaltsstoffe. Das sind die Vitamine A, B und C, Pektine, Gerb,- Salizyl-, Milch- und Oxalsäure, Wachse und eine Reihe von Mineralstoffen und Spurenelementen. Angeregt wird die Blut- sowie Darmreinigung, und diese Umstellung des Organismus macht sich positiv auf der Haut bemerkbar.

Teerezept: 1 TL Apfelschalen pro Tasse Aufguss, 10 Minuten ziehen lassen, und den Tee – mit den Apfelstücken – einnehmen. Von diesem Tee können Sie mehrere Tassen täglich trinken.

Apfelmahlzeit: Beginnen Sie den Tag mit einem frischen Apfel, anstatt eines Marmeladenbrötchens. Sehr wirksam ist es, wenn Sie das Morgenfasten bis zum Mittag ausdehnen und vor zwölf Uhr nichts außer Äpfeln zu sich nehmen. Sie regen damit eine umfassende Darm- und Blutreinigung an. Dabei ziehen die Pektine des Apfels giftige und hautschädliche Darmrückstände an sich, so dass sie leichter ausgeschieden werden können.

Erkältung/grippaler Infekt

Es gibt wohl keine Zeit, wo nicht gerade irgendwo Grippeviren grassieren. Bei starken klimatischen Veränderungen, wie im Frühjahr und im Herbst kommt es allerdings zum Grippeboom. Angefangen vom Kribbeln in der Nase mit Niesen, Husten, Heiserkeit, Atembeschwerden bis hin zur fiebrigen Grippe mit Glieder- und Kopfschmerzen kann der grippale Infekt mit einer großen Liste an Tücken aufwarten.
Ursachen: Ein geschwächtes Immunsystem bietet immer einen idealen Nährboden für eine Erkältung oder Grippe – sei es, dass man sich die Viren selbst durch Kälte, Nässe etc. einfängt oder von anderen angesteckt wird. Immunkraftschwächend können sich auch kranke Mandeln und Zähne auswirken. Anfälliger für Erkältungen und Co. ist man auch bei Stress und psychischer Überlastung. Nicht leichter zu ertragen ist eine Sommergrippe. Bevorzugt entsteht sie bei drastischen Klimaunterschieden, z. B., wenn man vom „eisgekühlten" Hotelzimmer in die Hitze am Strand wechselt. Vorsicht auch bei Deckenventilatoren – sie ventilieren die Grippe geradezu herbei.
Abhilfe: Sorgen Sie – nicht nur zur Grippezeit – für eine vitamin- und mineralstoffreiche Ernährung. Sie schaffen damit eine gute Basis für ein abwehrstarkes Immunsystem. Auch alle anderen abwehrstärkenden und abhärtenden Maßnahmen sollten regelmäßig betrieben werden, wie Sauna, Wechselduschen, Sport im Freien usw. Ist der Schnupfen ausgebrochen, unterstützen schweißtreibende Tees, ansteigende Fußbäder und Erkältungsvollbäder ein rascheres Ausheilen. Nach diesen Behandlungen schlüpfen Sie am besten gleich ins warme Bett. Rotbestrahlungen (alle 2 – 3 Stunden, ca. 15 Minuten lang) fördern die Durchblutung und lassen den Schnupfen zum Ausbruch kommen, das ist besser, als wenn man ihn wochenlang mit sich herumschleppt. Nach 2 – 3 Tagen wechseln Sie auf blaue Bestrahlungen, die die Entzündungen dann rasch abklingen lässt.

Ehrenpreis – der Grippe keine Chance
Die günstige Zusammenstellung von Bitter- und Gerbstoffen, ätherischen Ölen, Glykosiden und Saponinen im Ehrenpreis macht die umfangreiche Heilwirkung dieser Pflanze aus. Bei Erkältung und Grippe können sie seine schleimlösende, blutreinigende, schweiß- und harntreibende sowie innerlich stärkende Wirkung nutzen. In der folgenden Mischung wird der Ehrenpreis von drei weiteren „Atemwegskräutern" ergänzt.

Teerezept: 30 g Ehrenpreis und je 10 g Lungenkraut, Königskerzenblüten und Spitzwegerichblätter gut vermischen. Pro Tasse Aufguss 1 TL davon abnehmen, 5 –10 Minuten ziehen lassen, abfiltern und warm mit Honig gesüßt 2 – 3 Tassen täglich trinken.

Wiesenkraft gegen Grippe in Heublumen

Wilde Sommerwiesen und saftige Almwiesen „beliefern" uns mit einer Vielzahl von heilwirksamen Blüten, Blättern, Samen und Gräsern, die als Heu eingebracht werden. Aus mehr als 20 Pflanzenarten kann ein Heublumengemisch bestehen (erhältlich in Bioläden). Die Fülle der Heilkräuter und deren Inhaltsstoffe lässt die Vielfalt der Einflüsse ahnen, um nur einige zu nennen: schweißtreibend, schleimlösend, muskelentspannend, wärmend und harntreibend.

Körperauflage: 500 g Heublumen im Leinensack (siehe Kapitel „Heilkräftige Kräuterzubereitungen") mit ca. 2 Liter kaltem Wasser ansetzen und aufkochen lassen. Den Heublumensack aus dem Wasser nehmen und ausdrücken. So warm wie möglich auf die Brust oder auf den Rücken legen und mit einem trockenen Tuch umwickeln. Einwirkzeit: 20 – 30 Minuten bzw. so lange die Auflage Wärme abgibt.

Holunder für die heilende Schwitzkur

Holunder fördert die Ausheilung von Erkältungskrankheiten durch seine schweiß- und harnsteigernde sowie blutreinigende Wirkung, so dass Krankheitsstoffe rasch über die Haut und Harnwege aus dem Körper ausgeschieden werden. Ferner regt Holunder das Immunsystem an und mildert die meist vorhandenen Gliederschmerzen. Holunderblüten sind reich an Sambucin, Emulin und Invertin, Kalium und Saccharin, die die Heilwirkung ausmachen. Beim nachfolgenden Rezept ist der Holunder durch den schleimlösenden Huflattich ergänzt, der insbesondere die Atemwege befreit.

Teerezept: 1 TL Holunderblüten und 1 TL Huflattichblätter- und blüten mit einer großen Tasse kochendem Wasser aufgießen, 5 Minuten ziehen lassen, abfiltern und möglichst heiß 2 Tassen täglich trinken.

Gegen Fieber und Husten – die kleine Königskerze

Die kleine Königskerze zählt zu den schleimreichsten Heilpflanzen, weshalb grippale Atemwegsbeschwerden wie Husten, Heiserkeit, Bronchialkatarrhe und Bronchitis neben anderen Indikationen in ihr Wirkspektrum fallen. Daneben weist sie eine günstige Zusammensetzung von Bitterstoffen, Saponinen und Mineralstoffen auf, die ihre fiebersenkende, schmerzlindernde und entzündungswidrige Wirkung ausmacht.

Teerezept: 2 TL Gemisch aus Blüten, Blättern und Wurzeln der Königskerze mit einer Tasse kochendem Wasser aufgießen, 10 Minuten ziehen lassen, abfiltern und mit Honig süßen. In kleinen Schlucken 2 Tassen täglich trinken.

Malve zur sanften Pflege der Schleimhäute
Mit ihren Schleimstoffen pflegt die Malve alle erkältungsgereizten Schleimhäute gesund. Sie wirkt auswurflösend, reizmildernd und entzündungshemmend bei Husten, Heiserkeit, Mandelentzündung sowie Bronchialkatarrh. Beim nachfolgenden Rezept ergänzt die Pfefferminze die Malvenwirkung mit ihrem kühlenden und beruhigenden Effekt.
Teerezept: Je 1 TL Malvenblüten und Pfefferminze pro Tasse Aufguss, 10 Minuten ziehen lassen und abfiltern. Heiß und honiggesüßt 3 – 4 Tassen täglich trinken.

Die Pfefferminze – der „Klassiker" gegen Erkältung
Die Pfefferminze zählt zu den klassischen Hausmitteln bei Erkältung, Husten und Fieber. Wirksam sind das stark mentholhaltige Pfefferminzöl, Gerb- und Bitterstoffe, Flavonoide sowie Fermente. Die gereizten Schleimhäuten in Mund, Rachen sowie im gesamten Atemwegsbereich beruhigt die Pfefferminze mit ihrem leicht kühlenden, schmerzbetäubenden Effekt. Daneben lindert sie den meist vorhandenen Hustenreiz und Kopfschmerz.
Teerezept: 1 TL Pfefferminze mit einer Tasse heißem, nicht kochendem Wasser aufgießen, 10 Minuten ziehen lassen, abfiltern und heiß mehrere Tassen täglich trinken.
Atemhilfe: Auf ein Papiertuch 2 – 3 Tropfen reines ätherisches Pfefferminzöl (Apotheke/Reformhaus) träufeln und bei Atemnot daran riechen und mehrmals tief durchatmen. Bei erkältungsbedingten Kopfschmerzen ein Tuch mit verdünntem Pfefferminzwasser (2 – 3 Tropfen pro Tasse) tränken und auf die Stirn legen.

Fieber

Fieber signalisiert, dass der Körper Hilfe braucht. Dieses Signal sollte man unbedingt „erhören" und nur dann unterdrücken, wenn die Körpertemperatur zu hoch steigt. In der Achselhöhle gemessen, sind die folgenden Werte zur Einstufung des Fiebers hilfreich:
Normale Körpertemperatur - 36,0 bis 37,0 °
erhöhte Temperatur - 37,1 bis 38,0 °
mäßiges Fieber - bis 38,9 °
hohes Fieber - ab 39,0 bis 40,5 °
sehr hohes Fieber - über 40,5 °
Lebensgefahr - bei 42 °
Ursachen: Wenn im Körper ein Abwehrkampf gegen einen Krankheitserreger tobt, macht sich das in Fieber bemerkbar. Erkältung, Grippe, Krankheitsherde im Körper, rheumatische Erkrankungen usw. können Fieber verursachen. Bei länger anhaltendem Fieber, auch wenn Kopfschmerzen hinzukommen, sollte die Ursache beim Arzt abgeklärt werden.
Abhilfe: Appetitlosigkeit und Müdigkeit sind in vielen Fällen eine Begleiterscheinung des Fiebers. Hören Sie auf diese Körperbotschaft. Entlasten Sie Ihren Körper von der Verdauungsarbeit, und gönnen Sie ihm Bettruhe. Letzteres ist die beste Möglichkeit, den Abwehrkampf des

Organismus zu unterstützen. Bei Fieber ist leichte, vitaminreiche und vorwiegend flüssige Nahrung angesagt. Da Fieber verschiedene Ursachen haben kann, können Sie bei der jeweiligen, Sie betreffenden Indikation weitere Anregungen finden.

Thymian – Fieberdoktor vom Mittelmeer
Seit das Thymiankraut im 11. Jahrhundert aus dem Mittelmeerraum durch Benediktinermönche zu uns kam, werden zahlreiche Wirkungen beschrieben. Thymian wirkt stark antiseptisch, fieberwidrig, schmerzstillend, beruhigend, krampf- und schleimlösend. Zurückzuführen ist das auf seinen Hauptwirkstoff Thymol im Verbund mit den ätherischen Ölen Borneol, Carvacrol und Menthen sowie Saponinen, Gerbstoffen, Glykosiden und Harzstoffen. Fiebrige Erkältung lassen sich gut mit Thymian behandeln, da der Thymiankampfer auch die Heilung von Husten, Keuchhusten und Bronchialkatarrh fördert und die Verschleimung der Atmungsorgane löst.
Teerezept: ½ TL frisches bzw. 1 TL getrocknetes Thymiankraut pro Tasse Aufguss, 10 Minuten ziehen lassen und abfiltern. Die Wirkung wird noch unterstützt, wenn Sie einen TL Honig einrühren.

Abwehrsteigernd – die Hagebutte
Mit ihrem hohen Gehalt an Vitamin C wirkt sich die Hagebutte stimulierend auf das Immunsystem aus und hilft, das schwächende Fieber zu überwinden. Mit einem vielseitigen Mineralstoffpaket regulieren die roten Früchte der Rosen den Mineralstoffhaushalt des Körpers. Rosenblüten ergänzen beim folgenden Teerezept die Wirkweise der Hagebutte. Durch ihren entschlackenden Effekt unterstützen Rosenblüten die Reinigungsarbeit, wie sie der Körper durch das Fieber anzeigt. Ferner haben Rosenblüten einen ganzheitlich harmonisierenden Einfluss, was die innere Ruhe und Entspannung bei dem Fieberkranken fördert.
Teerezept: Je 1 TL Hagebutten und Rosenblüten pro Tasse Aufguss, 10 Minuten ziehen lassen und abfiltern. Von diesem durstlöschenden Tee können Sie täglich mehrere Tassen trinken.

Gegen Fieber und Gliederschmerzen – die Weidenrinde
Fiebersenkend, schweiß- und harntreibend sowie schmerzstillend - mit diesen Wirkungen besitzt die Weidenrinde alle Fähigkeiten, Fieber und die oft gleichzeitig auftretenden Gliederschmerzen einzudämmen. Die Wirkung beruht auf Inhaltsstoffen wie Gerbstoffe und ein Phenolglykosid, das im Körper zur fieberwirksamen Salizylsäure umgewandelt wird. Beim diesem Rezept ergänzt die ebenfalls fiebersenkende Enzianwurzel die Weidenrinde.
Teerezept: Aus Weidenrinde und Enzianwurzel je zu gleichen Teilen eine Mischung herstellen. Davon pro Tasse Aufguss 1 TL abnehmen und mindestens 10 Minuten ziehen lassen. Nach dem Abfiltern schluckweise trinken. 2 Tassen täglich.

Fruchtig-erfrischend: Apfel und Pfefferminze
Der Apfel in flüssiger Form wirkt sich durch seinen entschlackenden Einfluss positiv auf den fiebrigen Organismus aus. Daneben gleicht der stärkende und nervenberuhigende Apfeltee den Flüssigkeitshaushalts des Körpers aus. Apfel-Vitamine, Zuckerarten, organische Säuren, Pektine, Wachse und eine Reihe von Mineralstoffen machen diese Wirkung aus. Dem setzt die Pfefferminze ein erfrischend-entspannendes i–Tüpfelchen auf und unterstützt die Regeneration von der Fieberschwäche.
Teerezept: Je 1 TL getrocknete Apfelschalen und Pfefferminzblätter pro Tasse Aufguss, 10 Minuten ziehen lassen und abfiltern. Von diesem Tee können Sie mehrere Tassen täglich trinken, da er auch ein guter Durstlöscher ist.

Gallenbeschwerden

Häufige Entzündungen der Gallenblase über einen längeren Zeitraum können zur Schrumpfung der Gallenblase führen und Koliken und Bauchfellentzündung auslösen. Chronische Entzündungen fördern die Bildung von Gallensteinen (die aber auch schon vorhanden sein können) und von Gallenblasenkrebs. Ständiger leichter Druck unter dem rechten Rippenbogen, manchmal leichtes Fieber, Erbrechen und Gelbsucht sind Symptome der Gallenblasenentzündung. Gerade in ihrem Anfangsstadium werden sie häufig nicht beachtet. Heftige Kolikschmerzen treten mit dem Schrumpfen der Gallenblase auf, ähnlich sind die Symptome bei Gallensteinen.
Ursachen: Die in der Gallenblase gesammelte Gallenflüssigkeit ist ein günstiger Nährboden für Krankheitserreger. Sie können aus dem Blut oder vom Darm eindringen und eine Entzündung der Gallenblase auslösen. Daneben können vorhandene Gallensteine Auslöser einer Gallenblasenentzündung sein. Abgesehen von ihrer Entstehung vor oder nach einer Gallenblasenentzündung wird die Steinbildung durch üppige, meist fettreiche und ballaststoffarme Ernährung, häufige Verstopfung, Bewegungsmangel, während der Schwangerschaft und auch durch seelisch-nervöse Gründe begünstigt.
Abhilfe: Heiße Heublumen- und Dampfkompressen auf der Galle, ferner Gallenbereichsauflagen, die bis zur Wirbelsäule reichen, bringen Entspannung. Bei fortgeschrittener Entzündung kann allerdings eine Kältebehandlung nötig sein, was mit dem Arzt abzuklären ist. Akupunktur, Neuraltherapie und Reflexzonenmassage können die Heilung der Beschwerden begünstigen, wie auch einige Heilkräuter.

Leinöl für die kranke Galle
Bei Gallensteinen, Gallenblasen- und Bauchkoliken und Leberbeschwerden kann Leinsamen eingesetzt werden. Seine Inhaltsstoffe wie Schleim, Linamarin, Linolsäure, fettes Öl, Eiweiß und Lecithin wirken sich in Form von Tee, Pulver oder

Öl schmerzstillend, entzündungshemmend, erweichend und krampflösend aus.
Teerezept: 1 EL mit 1 Tasse Wasser kalt ansetzen, kurz aufkochen und 10 Minuten ziehen lassen. Nach dem Abgießen warm trinken.
Umschlag: Aus den Samen wird ein Pulver gewonnen, das Sie für Umschläge bei Gallen- und Leberbeschwerden bis hin zur Gallenblasenkolik verwenden können. Rühren Sie dazu 3 – 5 EL entöltes Leinsamenpulver mit heißem Wasser an und streichen die Packung auf ein Leinentuch, das den Gallenbereich bedeckt. Darüber wird ein trockenes erwärmtes Handtuch gebunden. So lange die Packung Wärme abgibt, lässt man sie einwirken.

Wermut fördert die Gallenproduktion
Wermutkraut enthält das ätherische Absinthol, das sich in Verbindung mit dem Gykosid Absinthin, dem Bitterstoff Artemisin sowie einigen organischen Säuren intensiv anregend auf die Gallen- und Lebersekretion auswirkt. Wermut kann daher bei operativ entfernter Gallenblase empfohlen werden. Seine Bitterstoffe wirken sich auf das gesamte Verdauungssystem reinigend und stärkend aus. Gleich mitbehandelt werden Beschwerden wie Völlegefühl, Druck, Krämpfe, Übersäuerung und als Folge das Sodbrennen und die bei Darmproblemen meist belegte Zunge.
Teerezept: 1 TL Wermutkraut für 1 Teeportion, 5 Minuten ziehen lassen, abfiltern und 1 – 2 Tassen pro Tag trinken.

Umstimmend und erneuernd – der Rosmarin
Wie bei jedem Heilkraut ist es das Ineinanderspielen der individuellen Inhaltsstoffe, das seine Wirkung ausmacht. Das Wirkspektrum des Rosmarins beruht auf ätherischem Öl, Gerb- und Bitterstoffen, Harzen und ein wenig Saponin. Daraus ergibt sich eine große Heilkraft, deren umfassendes Spektrum schon im Altertum gelobt wurde. Rosmarin ist sozusagen die Pflanze, die heilend an der Basis hilft und eine positive Umstimmung des Gesamtorganismus nach sich zieht. Darunter fällt die in alten (und neuen) Kräuterbüchern häufig erwähnte Anwendung zur Besserung der Gallenblasensekretion sowie der Leberfunktion.
Teerezept: 1 TL Rosmarinblätter und -blüten pro Tasse Teeaufguss. Nach 5 – 8 Minuten abfiltern und 1 – 2 Tassen täglich trinken. Dieses Teegemisch können Sie abwechselnd mit reinem Blütentee trinken.

Gelenkabnutzung und Osteoporose

Gelenkabnutzung (Arthrose) macht sich meist erst im fortgeschrittenen Lebensalter bemerkbar. Im Anfangsstadium treten leicht ziehende Gelenkschmerzen, hauptsächlich im Schulter-, Ellbogen-Knie- und Hüftgelenk auf. Nach einiger Zeit verstärken sich die Symptome, spontane Bewegungen fallen schwer. Nach längerem Sitzen oder Liegen kommt der

Patient nur mühsam wieder „in Gang". Gelenkschwellungen, knirschende Gelenke und fortschreitende Versteifung des betroffenen Gelenks treten in Folge auf. Die Osteoporose (Knochenentkalkung) tritt hauptsächlich bei Frauen während und nach den Wechseljahren auf. Sie äußert sich in Symptomen wie Schmerzen in Knochen und Wirbeln sowie einer Neigung zu Knochenbrüchen. In der Folge kann es zur Krümmung der Wirbelsäule, zur Buckelbildung, einhergehend mit einer Verringerung der Körpergröße kommen.

Ursachen: Das Wort „Abnutzung" führt zu dem Trugschluss, dass ein Zuviel an Bewegung die Gelenke schädige. Meist ist die Gelenkabnutzung aber eher auf zu wenig Bewegung zurückzuführen und dies meist noch in Verbindung mit einseitiger Belastung, was die Gelenke „einrosten" lässt. Frühere Verletzungen sowie angeborene Gelenkknorpelschwächen tragen außerdem zur Arthrose bei. Von der Osteoporose betroffen sind meist Frauen, weshalb die Medizin eine wichtige Ursache in der hormonellen Umstellung während der Wechseljahre sieht. Die Hormonumstellung verändert den Kalkstoffwechsel, so dass es zur Entkalkung der Knochen kommen kann. Daneben spielt eine Störung im Phosphatstoffhaushalt eine Rolle. Der Kalkstoffwechsel kann durch Cortisonbehandlungen massiv gestört sein, auch Lebererkrankungen begünstigen die Osteoporose und sollten schon vorbeugend in Betracht gezogen werden.

Abhilfe: Um elastisch und beweglich zu bleiben, brauchen Gelenke regelmäßige Betätigung, die den gesamten Bewegungsapparat einschließt, z. B. Schwimmen, Radfahren, Tanzgymnastik usw. Beim kleinsten arthrotischen Anzeichen sollten Sie geeignete therapeutische Maßnahmen mit dem Arzt abklären. Vorhandene Abnutzungserscheinungen können nicht mehr rückgängig gemacht, dennoch aber verbessert werden. Mit rechtzeitiger und gezielter Therapie kann der Fortschritt der Erkrankung wesentlich verlangsamt werden. Massagen, Fangopackungen, Überwärmungsbäder, Bestrahlungen und Eigenblutinjektionen zählen zu den bewährten Behandlungsmethoden der Arthrose. Auch von innen kann man den Prozess wirksam unterstützen. Eine purinarme, am besten vegetarische Rohkosternährung und regelmäßige Teefastenkuren beeinflussen die Arthrose günstig. Sowohl bei der Gelenkabnutzung als auch der Osteoporose liegt die vermehrte nahrungsergänzende Aufnahme von Calcium nahe. Dies sollte allerdings wohl abgestimmt in Verbindung mit anderen fördernden Stoffen geschehen, so mit dem Vitamin B-Komplex, der die Aufnahme von Calcium erleichtert. Um Calciumablagerungen durch die erhöhte Aufnahme in Nieren, Arterien und Gelenken zu vermeiden, sollte außerdem Magnesium verabreicht werden, ggf. in Verbindung mit Fluor und Östrogen. Diese Maßnahmen können Sie selbst aktiv durch regelmäßige Bewegung ergänzen, da diese die Aufnahme von Calcium in den Knochen fördert.

Tiefenwirkung des Wacholders
Das Wirkspektrum des Wacholders ist sehr vielseitig und auf seinen Gehalt an ätherischen Ölen, Bitterstoffen, Glykosiden, Gerbstoffen, organischen Säuren und Harzen zurückzuführen. Gelenk- und Knochenbeschwerden, insbesondere entzündliche Prozesse, können vom Wacholder von innen über die Blutreinigung und das angeregte Ausscheiden von Harnsäureablagerungen beeinflusst werden. Bei der äußeren Behandlung besitzt Wacholder die Eigenschaft, tief in den Organismus einzudringen. So können auch tiefer liegende Krankheitsherde beeinflusst werden. Beim folgenden Rezept ergänzt die Brennnessel den Wacholder mit ihrer intensiv entwässernden Wirkung.

Teerezept: Wacholderbeeren und Brennnesselblätter zu gleichen Teilen mischen und pro Tasse Aufguss 1 TL entnehmen. 5 –10 Minuten ziehen lassen, abgießen und zuckerfrei trinken.

Äußerliche Behandlung: 5 EL Nadeln und Triebspitzen des Wacholders in 3 Liter Wasser ¼ Stunde aufkochen lassen und abfiltern. Weitere 2 Liter Wasser hinzugeben und die Abkochung für ein Teilbad, z. B. bei schmerzenden Fußgelenken und Unterarmen verwenden. Bei schmerzenden Gelenken und Knochen bringt Wacholderspiritus (Apotheke/Reformhaus) rasch Erleichterung.

Beinwurz für Knochen und Wunden
Die Inhaltsstoffe des Beinwurzes (auch Beinwell) konzentrieren ihre Wirkung insbesondere auf Gewebeerneuerung. Deshalb können Sie diese Pflanze bei Knochenschmerzen, Knochenerweichung, Beinhaut- und Knochenentzündung, Zellgewebsentzündung bis hin zur Wundheilung einsetzen. Für diesen Einfluss spricht ihr Gehalt an wundheilendem Allantoin, durchblutungsförderndem und zellgewebswirksamem Cholin, pflegendem und lösendem Pflanzenschleim und zusammenziehendem Gerbstoff.

Beinwurzpackung: 2 – 4 EL (je nach Auflagefläche) Beinwurzpulver mit etwas heißem Wasser verrühren und die Masse auf ein Leinentuch streichen. Dieses um die Problemstelle (z. B. das schmerzende Bein) wickeln und mit einem warmen trockenen Tuch festbinden. Die Auflage sollte 2 – 4 Stunden aufliegen.

Schmerzstillend und wundheilend – die Arnika
Arnika hat sich als schmerzstillendes und heilungsförderndes Wundkraut zur Behandlung von Knochenerkrankungen, Brüchen, Quetschungen, Zerrungen und ebenso von Wunden bewährt. Für diese Wirkung sind der enthaltende Bitterstoff Arnicin, ätherische Öle, Harze, Gerbstoffe sowie Alkaloide, Gallus- und Ameisensäure zuständig. Vor allen Dingen wird bei Gelenk- und Knochenbeschwerden die äußere Behandlung durch Umschläge und Arnikasalben (Apotheke) empfohlen. Die innerliche Anwendung von kreislaufanregendem Arnikatee sollte nur nach Anweisung des Therapeuten erfolgen, da eine Überdosierung zu Atemnot, Zittern und Herzjagen führen kann.

Äußere Anwendung: 1 EL Arnikatinktur (Apotheke) mit ¼ l Wasser verdünnen, ein Tuch darin tränken, um die schmerzende Stelle wickeln oder auflegen und etwa 10 – 20 Minuten damit ruhen. Da Arnika die Haut reizen kann, sollten Sie bei häufiger Anwendung die betroffene Hautstelle mit einer fettreichen, parfumfreien Creme behandeln. Bei rheumatischen Schmerzen, Prellungen, Quetschungen etc. löst Arnikageist (Apotheke) die Schmerzen auf und entspannt das Muskelgewebe.

Wärmt und entkrampft – Heublumen
Das reiche Vorkommen an wärmenden, muskelentkrampfenden und ausgleichenden Inhaltsstoffen in Heublumen unterstützt die Behandlung von Gelenk- und Knochenerkrankungen. Sehr angenehm und auch Schmerzen vorbeugend ist die Heublumenbehandlung nach einem langen Aufenthalt in Kälte und Nässe.
Äußerliche Behandlung: Einen Heublumensack in Wasser legen und aufkochen lassen. Danach leicht ausgedrückt auf die schmerzende Stelle legen. Mit einem trockenen Tuch festbinden und den Beutel etwa ½ Stunde einwirken lassen. Gönnen Sie sich bei schmerzenden verspannten Gelenken und Muskeln außerdem ein beruhigendes Bad in Heublumen.
Heublumenbad: 1 – 1 ½ kg Heublumen in 5 Liter kaltem Wasser ansetzen, ½ Stunde abkochen und abfiltern. Geben Sie den Heublumenabsud dem Badewasser ohne sonstige Zusätze bei, und entspannen Sie etwa 10 –15 Minuten im Bad.

Wirksam gegen Rheumaschmerz – die Teufelskralle
In den Speicherknollen dieser Wurzeln stecken Iridoridglykoside, so Harpagid, Harpargosid, Procumbid und außerdem Flavonoide, die sich schmerzstillend und entzündungshemmend bei rheumatischen, entzündlichen und durch Abnutzung hervorgerufene schmerzhafte Prozesse auswirken. Die südwestafrikanische Heilpflanze zeigt sehr gute Einwirkung bei verschiedenen Gelenk-, Knochen-, aber auch Nervenbeschwerden.
Teerezept: 2 TL zerkleinerte Teufelskrallenwurzel mit 2 Tassen Wasser kalt ansetzen und über Nacht ziehen lassen. Morgens und abends vor dem Essen je eine Tasse langsam trinken.

Haarausfall und Kopfhauterkrankungen

Pro Tag können bis zu 60 Haare ausgehen, was als durchaus normal gilt. Wenn über einen längeren Zeitraum mehr Haare ausgehen, sollten Sie verschiedene mögliche Ursachen prüfen. Berücksichtigen Sie dabei, dass Haarausfall eine verzögerte Reaktion des Organismus auf Ereignisse sein kann, die bereits Wochen zurückliegen.
Ursachen: Organische Krankheiten, Pilzinfektionen, Medikamenteneinnahme (z. B. Chemotherapie), Vergiftungen und hormonelle Probleme (Schwanger-

schaft, Wechseljahre), ferner vitamin- und mineralstoffarme Ernährung, Stress sowie äußere Beanspruchung durch chemische Behandlungen (heißes Föhnen, Färben, Dauerwelle) können Haarausfall verursachen. Häufig fallen auch im Frühling und im Spätherbst Haare als Reaktion auf die klimatischen Veränderungen aus. Starker Haarausfall mit sich rasch vergrößernden Geheimratsecken kann der Beginn einer erblich bedingten Glatze sein.

Abhilfe: Je nach Ursache des Haarausfalls kommt es darauf an, die Durchblutung anzuregen und damit für eine bessere Ernährung der Haarwurzel zu sorgen. Von innen können Sie mit Nahrung beitragen, die reich ist an der Aminosäure Cystein, dem Spurenelement Zink, Silicium und Vitamin B 5, die die Haar- und Kopfhautregeneration fördern. Äußerlich stärkend wirken Bürstenmassagen (kopfüber) und das Einmassieren von Kopfwässern (2 mal täglich für 10 Minuten). Diese Methode können Sie immer dann anwenden, wenn ihre Kopfhaut nicht durch chemische Behandlungen wie Färben oder auch falsches Shampoo gereizt ist. Ist Letzteres der Fall, sollten Sie kopfhautberuhigende Packungen und Haarwässer auftragen und auf äußere Strapazen eine Weile verzichten. Führen Sie den Haarausfall auf ein bestimmtes Medikament zurück, sollten Sie weitere Maßnahmen mit Ihrem Arzt besprechen.

Die Birke – „baumstark“ gegen Haarausfall

Die Birke kann zur Behandlung von verschiedenen Haarbodenerkrankungen und gegen Haarausfall eingesetzt werden. Birkenrindenöl, Gerb- und Bitterstoffe, Saponine, ätherische Öle, Vitamine und Mineralstoffe machen das Wirkstoffpaket gegen Haarausfall aus. Zur Anwendung kommt hauptsächlich der frische Birkensaft (erhältlich in Reformhäusern).

Pflegerezept: 30 – 50 ml Olivenöl mit 1 EL Birkensaft vermischen und in eine Flasche mit Pipettenverschluss umfüllen. Das Haar scheiteln und Lage für Lage das Ölgemisch (gut aufschütteln) auf die Kopfhaut träufeln und etwa 20 Minuten einmassieren. Wickeln Sie anschließend ein vorgewärmtes Handtuch um den Kopf, und lassen Sie die Ölmischung ½ Stunde einwirken. Danach mit einem milden Shampoo auswaschen und am besten lufttrocknen lassen.

Bockshornklee für eine gesunde Kopfhaut

Kräuterpfarrer Kneipp lobte den Bockshornklee als „das Beste von allen mir bekannten Heilmitteln zum Auflösen von Geschwüren und Geschwülsten“. Mit dem Samen dieser Kleeart können Kopfhauterkrankungen, z. B. entzündete, eitrige oder flechtige Stellen behandelt werden, da er entzündungshemmend, erweichend und aufsaugend wirkt. Die reichlich enthaltenden Schleimstoffe sowie fettes und ätherisches Öl, Cholin, Harze, Saponine und das Alkaloid Trigonellin machen in ihrem Zusammenwirken die heilend-pflegende Wirkung des Bockshornklees aus. **Kopfhautpflege:** 2 TL Bockshornkleesamen mit ¼ Liter Wasser kalt ansetzen, 5 Stunden ziehen lassen, dann kurz aufkochen lassen und abfiltern. Spülen Sie mit diesem Absud Ihre Kopfhaut nach der Haarwäsche ab und umwickeln Sie den Kopf noch einige Zeit mit einem vorgewärmten Handtuch.

Festes Haar durch die Brennnessel
Besonders die in Brennnesseln reichlich vorhandene Kieselsäure trägt zur Festigung und zum Wachstum des Haares bei. Ferner sind eine Reihe anderer Mineralien, Gerbstoffe, Stärke, organische Säuren sowie Vitamin C und A enthalten. Unterstützen Sie die äußere Anwendung durch regelmäßiges Trinken von Brennnesseltee. Dadurch werden die Blutreinigung und der Stoffwechsel angeregt, was dem gesunden Haarwachstum ebenfalls zugute kommt.
Haarspülung: Lassen Sie 50 g Brennnesselblätter in je ¼ Liter Wasser und Apfelessig kurz aufkochen und einige Minuten ziehen. Danach abfiltern und den Brennnesselessig zum Klarspülen nach der Haarwäsche verwenden. Das Haar wird glänzend und fühlt sich kräftig an.

Kalmus kurbelt die Hautfunktion an
In der getrockneten Kalmuswurzel sind Bitterstoffe, ätherisches Öl, Harze, Cholin und Gerbstoffe enthalten, die den Haarboden kräftigen und die Durchblutung anregen. Damit ist die Voraussetzung für ein besseres Haarwachstum geschaffen.
Pflegerezept: 5 g zerriebene, getrocknete Kalmuswurzel mit ¼ Liter Wasser aufgießen, aufkochen lassen und abfiltern. Mit diesem Absud die Haare waschen und klarspülen.

Hämorrhoiden

Die knotenartig, etwa kirschkerngroß erweiterten Blutgefäße können sich am Ende des Dickdarmes und am After bilden. Sie können als innere Hämorrhoiden hinter dem After liegen oder auch aus dem After hervortreten. Erste Anzeichen von Hämorrhoiden können Juckreiz, Brennen und Nässen am After sein. In Folge können Schmerzen und Blutungen beim Stuhlgang, eitrige Entzündungen und Geschwüre auftreten.
Ursachen: Häufig auf eine anlagebedingte Bindegewebsschwäche in Verbindung mit Blutstauungen in den Venengeflechten zurückzuführen. Vorwiegend sitzende Tätigkeit, allgemeiner Bewegungsmangel, das Sitzen auf kalten Steinen, häufige oder chronische Verstopfung, Übergewicht, Alkoholmissbrauch und Leberleiden begünstigen die Bildung von Hämorrhoiden.
Abhilfe: Ballaststoffreiche Ernährung (reichlich trinken dazu) und verdauungsfördernde und den Stuhlabgang erleichternde Mittel wie Leinsamen, Wei-

zenkleie und Pektin stellen die Grundlage der Behandlung von Hämorrhoiden dar. Wohl tuend sind regelmäßige Sitzbäder mit Eichenrinde, die eine zusammenziehende Wirkung auf die Blutgefäße besitzt. Heilungsfördernd wirken innerlich und äußerlich angewandte Heilkräuter, außerdem viel Bewegung und Wasseranwendungen (Waden- und Schenkelgüsse). Blutungen, Entzündungen und Schmerzen können mit einer mehrmals täglichen Behandlung mit dem Kältestab (Apotheke) eingedämmt werden.

Heidelbeere wirkt Blutungen entgegen
Getrocknete Heidelbeeren können bei Hämorrhoidalblutungen eingesetzt werden. Sie enthalten Gerbstoffe, Glykoside, Zucker, Apfel- und Zitronensäure, daneben Pektine und reichlich Vitamin C. Die Heidelbeer-Therapie wirkt Gär- und Fäulnisprozessen entgegen, hemmt Keimbildungen und Blutungen, und erleichtert durch ihren Gehalt an organischen Säuren und Pektinen einen schmerzlosen Stuhlabgang.
Teerezept: 2 TL getrocknete, angequetschte Heidelbeeren mit 1 Tasse Wasser aufkochen, kurz ziehen lassen und abfiltern. 2 – 3 Tassen täglich.
Frischer Genuss: Bei durch Hämorrhoiden bedingten Verdauungsstörungen können Sie mehrmals täglich eine kleine Portion frische Heidelbeeren (ohne Zuckerzusatz) oder Heidelbeerpresssaft zu sich nehmen.

Keimtötend und ableitend – die Kamille
Die Kamille eignet sich sowohl zur inneren als auch zur äußeren Hämorrhoidenbehandlung. Sie können die Kamille bei Aftereinrissen, bei zu Entzündung neigenden Hämorrhoiden oder einem Afterekzem als Folge der Hämorrhoiden einsetzen. Die umfangreiche entzündungshemmende, keimtötende und schmerzstillende Wirkung steckt in der Wirkstoffkombination aus Kamillenöl und Azulen sowie Glykosiden, Bitterstoffen, Zerotin, Stearin, Palmitin- und Linolsäure, Cholin, Triakotan, Salizylsäure, Dioxycumarin, apfelsauren Salzen, Schwefel und Calcium.
Rezept: 150 g Kamillenblüten in ein Leinensäckchen geben und in die mit heißem Wasser gefüllte Sitzbadewanne hängen. Lassen Sie die Kamille darin ziehen, bis das Wasser eine für Sie angenehme Badetemperatur hat (es soll nicht zu heiß sein). Die Badezeit beträgt etwa 10 Minuten. Auch feuchtwarme Umschläge mit starkem Kamillenabsud fördern die Heilung entzündlicher und schmerzender Hämorrhoiden.
Teerezept: 1 TL Kamillenblüten pro Tasse Aufguss, 10 Minuten ziehen lassen, abfiltern und täglich mehrere Tassen trinken.

Stillt Juckreiz und lindert Schmerzen – das Leinkraut
Mit seinen Inhaltsstoffen Linarin (ein Glykosid), Gummi und organische Säuren wirkt das Leinkraut schmerzenden und juckenden Hämorrhoiden entgegen.

Bewährt hat sich die aus den Blättern und Blüten hergestellte Heilsalbe (Unguentum Linariae). Als Tee getrunken fördert Leinkraut die Verdauung und aktiviert intensiv die Wasserausscheidung.
Teerezept: 1 TL Leinkraut pro Tasse Aufguss übergießen, 5 – 10 Minuten ziehen lassen und abfiltern. 2 – 3 Tassen täglich trinken.

Lein – große Quellkraft in kleinen Samen
Der Leinsamen löst Verdauungsprobleme, wie sie meist mit Hämorrhoiden einhergehen, sanft aber nachhaltig. Durch die enthaltenen Schleimstoffe, Linamarin, fettes Öl, Pflanzeneiweiß und Lecithin, Linolsäure, Enzyme und Sterine steckt im Leinsamen eine vielseitig heilende Wirkung. Durch seine Quellkraft besitzt er darmanregende, gleitfördernde sowie pflegende Wirkung auf den Darm und erleichtert den schmerzlosen Stuhlabgang. Um das optimale Auslösen des Leinsamenschleims zu erzielen, sollten die Samen vor dem Verzehr etwa ½ Stunde in Flüssigkeit eingeweicht werden. Diese Wartezeit empfiehlt sich auch nach dem Anrühren eines Leinsamenmüslis. Je nach Gericht verkürzt ein Kochvorgang die Quellzeit.
Leinsamenspeise: 1 – 3 EL Leinsamen in 200 – 300 ml Yoghurt oder Apfelmus etc. einrühren und diese Menge über den Tag verteilt essen.
Teerezept: 1 EL Leinsamen mit einer Tasse Wasser aufkochen und danach noch 10 Minuten ziehen lassen und warm 1 – 2 Tassen täglich trinken.

Heiserkeit

Als Begleiterscheinung der Erkältung tritt oft Heiserkeit infolge eines entzündeten Kehlkopfes auf. Die Stimme klingt rau und belegt und kann auch ganz versagen. Es kann zu Schwellungen der Halslymphknoten und zu Kehlkopfschmerzen kommen.
Ursachen: Neben der erwähnten ursächlichen Erkältung kann Heiserkeit auch durch andere Gründe auftreten, so durch eine übermäßige Beanspruchung der Stimmbänder, Durchzug, klimatisierte Räume, bei gutartigen Knoten der Stimmbänder (sog. Sängerknoten), bei Krebsgeschwülsten, Nervenleiden, Lähmungen oder nach dem Einatmen reizender Gase.
Abhilfe: Gurgeln und Inhalieren mit Heilkräutern steht ganz oben auf der Selbstbehandlungsliste. Halswickel und Stimmschonung tun ein Übriges zur Besserung. Raucher sollten einige Tage lang die Zigarettenschachtel zur Seite legen, sowie auch andere Reizstoffe (Farben, Lacke, Gase) gemieden werden sollten. Lassen Sie ständige oder wiederkehrende Heiserkeit ohne andere Anzeichen einer Erkältung von Ihrem Arzt überprüfen.

Pflegt Hals und Stimme – der Huflattich
Reichlich pflanzlicher Schleim, Bitterstoffe, ätherische Öle, Glykoside, Phytosterine, salpetersaure Salze und einige Mineralstoffe machen die Wirkung dieser bewährten „Brusteepflanze“ aus. Heiser-

keit, Bronchitis, Rachenkatarrh und Brustfellentzündung zählen, neben verschiedenen Wund- und Geschwürbehandlungen, zum Einsatzbereich des Huflattichs. Mit dem folgenden Heilkräutertrio können Sie den genannten Beschwerden wirkungsvoll entgegentreten.
Teerezept: Aus Huflattich (Blüten und Blätter) und Spitzwegerich (Blätter) je zu gleichen Teilen eine Basismischung herstellen. Davon pro Tasse Aufguss 1 TL abnehmen, aufgießen und 5 - 10 Minuten ziehen lassen. Nach dem Abfiltern mit einem extra vorbereiteten Eibisch-Kaltansatz (3 TL mit kaltem Wasser ansetzen, 8 Stunden ziehen lassen) mischen und zusammen erwärmen. In kleinen Schlucken 3 - 4 Tassen täglich trinken.

Salbei–Gurgeln gegen rauen Hals
Bei Heiserkeit hat sich Salbei als Gurgelmittel bewährt. Ein Blick auf seine Inhaltsstoffe erklärt dies: kühlend und beruhigend wirkendes Eucalyptol im Verbund mit anderen ätherischen Ölen, schmerzstillender Kampfer sowie Gerb- und Bitterstoffe und Glykoside ergänzen sich zu einer intensiven Heilkraft. Weitere entzündungswidrige und beruhigende Effekte kommen in der folgenden Mischung mit Kamille zur Geltung.
Gurgelwasser: 1 TL Salbei und 1 TL Kamille mit ¼ Liter heißem Wasser aufgießen, 15 Minuten ziehen lassen und abfiltern. Leicht abkühlen lassen und zum Gurgeln verwenden. Mehrmals täglich durchführen.

Auswurffördernd und stimmberuhigend – das Süßholz
Süßholztee bzw. der aus der Wurzel gewonnene „Lakritzensaft" hat als Mittel gegen Heiserkeit und Husten eine lange Tradition. Glykoside, Flavonoide und vor allem das saponinartige Glycyrrhizin machen die schleimlösende, auswurffördernde und stimmberuhigende Wirkung dieser Heilpflanze aus. Daneben regt Süßholz durch die Glykuronsäure den Abbau und die Ausscheidung von Stoffwechselschlacken an, was ebenfalls zur Ausheilung, z. B. von erkältungsbedingter Heiserkeit beitragen kann. Der erwähnte Lakritzensaft ist im Fachhandel erhältlich. Er sollte in Maßen bzw. nach ärztlichem Rat eingenommen werden, denn ein Zuviel könnte Nebenwirkungen wie Bluthochdruck, Schwindel und Kopfschmerzen verursachen
Teerezept: 1 TL zerkleinerte Süßholzwurzel pro Tasse Aufguss, 5 Minuten ziehen lassen und abfiltern. 2 - 3 Tassen täglich.

Herpes

Herpes ist eine Virusinfektion, bei der fünf verschiedene Herpesviren unterschieden werden. Am häufigsten tritt der Herpes-simplex-Virus Typ 1 (HSV 1) auf, der die zum Teil schmerzhaften, juckenden und nässenden Lippenbläschen verursacht. Der einmal eingefangene Herpesvirus (meist schon im Kindergartenalter) bleibt auch nach dem Abheilen der

Bläschen latent im Körper vorhanden und kann immer wieder ausbrechen. Ebenfalls verbreitet ist der Herpes-simplex-Virus Typ 2 (HSV 2), der den Genitalherpes mit Bläschen im Genitalbereich hervorruft. Weitere Herpesviren verursachen beim Kind Windpocken, beim Erwachsenen Gürtelrose, das Pfeiffersche Drüsenfieber und Lungen- oder Hirnhautentzündung.

Ursachen: Bei Infektionskrankheiten sowie bei allgemeinen Schwächezuständen des Körpers, z. B. nach einer Operation, besteht erhöhte Ansteckungsgefahr. Starke Sonneneinstrahlung, Wind (Vorsicht auch bei belüfteten Solarien/Sonnenbänken), Klimawechsel, Hormonveränderungen während der Menstruation, seelische Belastungen, Stress, Ekelgefühle sowie übermäßiger Alkoholgenuss können ebenfalls Herpes hervorrufen.

Abhilfe: Alle Maßnahmen, die das Immunsystem und das Nervenkostüm stärken. Abwehrsteigernd wirken eine 3 – 6-wöchige Kur mit dem Pflanzenpräparat Echinacin, ferner regelmäßige, abhärtende Wasseranwendungen des ganzen Körpers. Entspannungsmethoden wie autogenes Training oder Meditation beugen stressbedingtem Herpes vor. Ausreichende Nährstoffversorgung, insbesondere mit den Vitaminen C, E und dem B-Komplex, weiterhin mit dem Spurenelement Zink, der Aminosäure Lysin sowie Enzymen fördern die Widerstandskraft und unterstützen das raschere Abheilen. Die äußere Herpesbehandlung sollte am besten schon beginnen, wenn sich die Bläschenbildung mit Ziehen und Prickeln ankündigt. Wenn Sie diese Phase erwischen, können Sie gute Ergebnisse mit mehrmals täglich aufgetupftem reinem Teebaumöl erzielen. In jeder Phase der Herpesbehandlung können Sie (auch zusätzlich) die folgenden Heilpflanzen einsetzen.

Lässt Bläschen schrumpfen – die Eichenrinde

Den juckenden bis schmerzhaften Bläschen hat die Eichenrinde einige Antiwirkstoffe entgegenzusetzen. Wichtig ist die enthaltene Gallussäure, die sich hemmend auf das Herpes-simplex auswirkt. Ebenso bedeutsam ist die entzündungshemmende, bakterientötende und zusammenziehende Eichengerbsäure, in Verbindung mit Gerbstoffen, Zitronensäure sowie dem Flavonoid Quercetin und Pektin.

Teerezept: 1 TL Eichenrinde mit einer Tasse Wasser kurz aufkochen, 10 Minuten ziehen lassen und abfiltern. 1 – 2 Tassen täglich.

Kompresse: Dem oben genannten Tee noch 1 TL Kamille zugeben und nach der Ziehzeit abgedeckt stehen lassen. Von dem Absud mehrmals täglich eine kleine Menge entnehmen und die betroffene Hautstelle damit abtupfen. Teereste eintrocknen lassen und auf Cremes in diesem Bereich verzichten.

Klettenwurzel – Giftentziehend und blutreinigend

Die Klettenwurzel besitzt große giftstoffentziehende Kraft, und sie wird in der

Volksheilkunde für eine Vielzahl von Hautkrankheiten, darunter Herpes sowie gegen Bläschen im Mund, eingesetzt. Der hohe Inulingehalt, die Gerb-, Fett- und Phosphorsäuren und einige organische Säuren machen die positive Hautwirkung aus, innerlich angewandt regt die Klettenwurzel die Blutreinigung an.
Teerezept: 1 TL frische, zerkleinerte Klettenwurzel mit einer Tasse kaltem Wasser ansetzen und 7 – 8 Stunden ziehen lassen. Danach kurz aufkochen und abfiltern. Von dem Tee können Sie 2 – 3 Tassen täglich trinken und ihn als feuchte Kompresse auf die betroffenen Hautstellen auflegen. Sehr wirksam ist ferner frisch gepresster Klettenwurzelsaft. Er wird direkt auf die Bläschen aufgetragen. Bei Blasen im Mund mehrmals täglich mit lauwarmem Klettenwurzeltee spülen und gurgeln.

Zinnkraut aktiviert gesundes Hautgewebe
Der hohe Kieselsäuregehalt des Acker-Zinnkrauts (Ackerschachtelhalm) trägt zum Abheilen der Bläschen bei, da durch ihn die Regeneration und Erneuerung des Hautgewebes angeregt wird. Daneben enthält Zinnkraut noch verschiedene hautwirksame, organische Säuren und Mineralstoffe. Innerlich angewandt unterstützt diese Heilpflanze die Blutreinigung, was der Herpesbehandlung zugute kommt.
Teerezept: 1 TL Zinnkraut mit 1 Tasse kaltem Wasser ansetzen, kurz aufkochen und 1 – 2 Minuten ziehen lassen und abfiltern. Ungesüßt 2 – 3 Tassen täglich trinken. Etwas von dem abgekühlten, ungesüßten Tee können Sie mehrmals täglich mit einem Wattestäbchen auf die Bläschen tupfen und trocknen lassen.

Herzbeschwerden

Herzflattern, Rhythmusstörungen, Flimmern, Stolpern oder Herzenge können aus unterschiedlichsten Gründe auftreten. Dabei kann es sich um eine kurzzeitige nervöse Erscheinung handeln oder auch um einen Hinweis auf eine Herzerkrankung. Symptome einer Herzerkrankung können sein: beschleunigter Herzschlag, Atemnot bei Belastungen, verminderte oder verstärkte Harnausscheidung, Knöchelschwellungen, Wasseransammlungen im Körper, Schmerzen im linken Arm, Schwindel, Ohrensausen, allgemeine Leistungsschwäche, Reizhusten oder Schlafstörungen. Daneben kann es zu Blutstauungen in Leber, Lunge, Nieren und Milz kommen.
Ursachen: Ungesunde Ernährung, reichlich Genussmittel, Stress, seelisch-nervöse Einflüsse, Konfliktsituationen, übertriebene oder fehlende Sportaktivität, ferner nicht auskurierte Krankheiten, Rheuma usw. können Herzbeschwerden und -erkrankungen fördern.
Abhilfe: Mögliche organische Schäden sollten Sie zunächst vom Arzt abklären lassen und eine geeignete unterstützende Heilkräuterbehandlung mit ihm abspre-

chen. Maßnahmen, wie sie bei der Arterienverkalkung genannt werden, beeinflussen die Fließfähigkeit des Blutes und beugen so den verschiedensten Herzbeschwerden, insbesondere dem Herzinfarkt vor. Auch seelisch-nervöse Herzprobleme können durch Heilkräuter harmonisierend beeinflusst werden.

Galgant – „herzlicher" Gewürzexot

Zu Beginn des Mittelalters wurde die Galgantwurzel von arabischen Ärzten nach Europa gebracht. In ihren Schriften hob die hl. Hildegard von Bingen (1098 – 1173) die Wurzel überaus lobend hervor, was durch die aktuelle Hildegard-Medizin schon vielfach bestätigt wurde. Hauptwirkstoff der Galgantwurzel ist das Harz Galangol, ferner Flavonoide, ätherische Öle, Scharf- und Gerbstoffe sowie Stärke. Galgant kann bei allen beklemmenden, krampfartigen und nervösen Herzbeschwerden eingenommen werden, ebenso bei einem vom Magen verursachten Herzdruck oder auch bei Schwäche- und Schwindelzuständen. Als erste Hilfe kann man etwas Galgantpulver (sehr scharf) direkt in den Mund nehmen und gut einspeicheln, bevor man es schluckt.

Honig fürs Herz: 1 TL Galgant-Honig-Mischung (in Apotheken oder Hildegard-Läden) bei den ersten Anzeichen von Herzschwäche einnehmen.

Teerezept: ¼ TL Galgantwurzel pro Tasse Aufguss, 5 Minuten ziehen lassen, abfiltern und vor der Mahlzeit trinken. Dieser Tee wirkt besonders den magenbedingten Herzschmerzen entgegen.

Gut zu Herz und Magen – das Herzgespann

In der Antike wurde das Herzgespann hauptsächlich als Magenmittel eingesetzt, und ab dem Mittelalter dann seine Herzwirkung in verschiedenen Schriften gelobt. Nervöse Herzleiden, Herzklopfen und Herzbeschwerden, die von Blähungen hervorgerufen werden, sind Indikationen für das Herzgespannkraut. Positiv beeinflusst es Herzbeklemmung, Atemnot, Angstzustände, Schlaflosigkeit und Verschleimung. Als heilkräftige Inhaltsstoffe tragen dazu der Leonurusbitterstoff, verschiedene organische Säuren sowie Mineral- und Gerbstoffe bei.

Teerezept: 1 TL Herzgespannkraut pro Tasse Aufguss, 5 Minuten ziehen lassen und abfiltern. Morgens und abends eine Tasse zuckerlos trinken.

Balsam für ein schweres Herz – das Johanniskraut

Vor allen Dingen die nervenbeeinflussenden Inhaltsstoffe Hypericin und Hyperforin machen das Johanniskraut zu einem hochwirksamen Antidepressivum, zu einem Balsam für Herz und Nerven. Sie stehen im „Wirkverbund" mit Bitter- und Gerbstoffen, ätherischem Öl, Kohlenhydraten, Pektin- und Myristinsäure, Phytosterin, Harz und Eiweiß. Die stimmungsaufhellende Heilpflanze löst krampfartige Herzbeschwerden, Herzjagen, Herzflimmern, Herzstolpern und Herzneurosen, die aufgrund von Stress, Sorgen, Ängsten oder Zwangsvorstellungen entstanden sind.

Teerezept: 1 TL Johanniskraut pro Tasse Aufguss, 5 Minuten ziehen lassen und abfiltern. Morgens und abends je 1 Tasse trinken.

Erleichternd und aufbauend – die Zitronenmelisse
Ätherische Öle wie Geraniolaldehyd, Citronellal und Citral geben der Zitronenmelisse ihren leichten, zitrusfrischen Minzenduft. Bitter-, Gerb- und Schleimstoffe sowie geringe Mengen Glykoside machen den herzwirksamen Einfluss dieses Krautes aus. Zitronenmelisse wirkt über das Nervensystem auf das Herz und reguliert funktionelle Herzbeschwerden, z. B. Herzklopfen, Herzjagen, Herzflimmern. Auch depressive Verstimmungen, die auf das Herz schlagen und Schlaflosigkeit finden in der Melisse ein befreiendes und entspannendes Heilkraut. Als weitere Indikation ist die Melisse bei Blähungen und den daraus resultierenden Zwerchfellhochstand mit Herzdruck angesagt. Hier wirkt Zitronenmelisse blähungswidrig, krampflösend und beruhigend.
Teerezept: 1 TL Zitronenmelisse mit einer Tasse heißem (nicht kochendem) Wasser übergießen, 5 – 10 Minuten ziehen lassen und abgießen. 2 – 3 Tassen täglich trinken. Bei Verdauungsbeschwerden nach dem Essen eine Tasse trinken.

Insektenstiche

Ein kleiner Stich kann Folgen haben – von Jucken und Rötungen bis zu brennenden oder schmerzhafte Schwellungen, die Tage quälen können. Bei Stichen in Mund und Rachen besteht Erstickungsgefahr. Allergische Reaktionen können Symptome wie Atemnot, Schwitzen, erhöhter Pulsschlag, Atemnot und Ohnmacht auslösen und zu Herz- und Kreislaufproblemen, Kreislaufschock und Kreislaufversagen führen.
Ursache: Verschiedene Stechmücken sowie Bienen und Wespen bringen durch Einstich ihr Gift unter die Haut, das dann in den Blutkreislauf gelangen kann.
Abhilfe: Insbesondere Stiche in den Mund- und Rachenbereich erfordern sofortige Maßnahmen. Spülungen mit eisgekühlten Getränken bzw. schluckweises Trinken und das Lutschen eines Eiswürfels hält die Schwellung zurück und sollte so lange durchgeführt werden, bis eine ärztliche Behandlung stattfinden kann. Bei leichteren Fällen und zur Vorbeugung bieten diese Kräutertips ebenfalls Abhilfe.

Kühlende Effekte in der Kalmuswurzel
Neben Gerb-, Schleim- und Bitterstoffen, Stärke und Cholin kommen bei der Behandlung von Insektenstichen hauptsächlich die ätherischen Öle und das darin enthaltene Asaron zur Geltung. Asaron bewirkt einen zunächst brennenden, aber dann angenehm kühlenden Effekt auf der Haut.

Anwendung: 1 TL getrocknete Kalmuswurzel mit einer Tasse Wasser kalt ansetzen, 5 Stunden ziehen lassen und abfiltern. Ein kleines Tuch mit dem Kaltauszug tränken und auf den Insektenstich legen. Oder: vom frisch gepressten Saft der Kalmuswurzel einen Tropfen auf der Schwellung verstreichen. Frische, im Zimmer ausgelegte Kalmusblätter sollen außerdem Insekten vertreiben.

Petersilie – schnelle Hilfe aus der Küche
Die Petersilie enthält mit dem Apiol, dem Petersilienkampfer ein insektenwidriges ätherisches Öl. Das enthaltene Vitamin C unterstützt die Wundheilung und den Neuaufbau des Hautgewebes. Die Anwendung ist schnell und einfach:
Anwendung: Pressen Sie frische Petersilie im Mörser, und tupfen Sie den Saft mehrmals täglich auf die Einstichstelle.

Contra Juckreiz und Schwellung – der Wegerich
Die entzündungshemmenden und hauptpflegenden Inhaltsstoffe, wie Schleim- und Gerbstoffe, ätherische Öle, Alkaloide, organische Säuren und Allantoin, machen den Wegerich zu einer hilfreichen Pflanze bei Insektenstichen. Die schmerzstillende und abschwellende Wirkung tritt meist rasch ein.
Anwendung: Frische, angequetschte Wegerichblätter (oder Presssaft) auf den Insektenstich geben, und diese Behandlung nach Bedarf mehrmals wiederholen.

Konzentrationsstörungen

Bei ständiger Müdigkeit, Antriebsschwäche und seelisch-nervösen Verstimmungen bleibt auch die Konzentrationsfähigkeit auf der Strecke. Das „Wattegefühl" im Kopf wirkt sich negativ auf die gesamte Psyche aus, schränkt die Lebensdynamik ein und steigert das Unfallrisiko.
Ursachen: Diese können sowohl im organischen Bereich liegen als auch eine Folge von Mangelernährung, Verschlackung, von hormonellen oder psychischen Problemen, Unterforderung wie Überforderung, Nervosität und Medikamenteneinnahme sein. Ferner können klimatische Umstellungen (z. B. vom Winter ins Frühjahr) oder Veränderungen (Fernreisen) einen Konzentrationsmangel verursachen.
Abhilfe: Wenn organische Krankheiten nach medizinischer Untersuchung ausgeschlossen werden können, empfiehlt sich ein „Großputz" des Körpers, am besten in Form einer blutreinigenden Obst- oder Teefastenkur (siehe auch „Blutreinigung). Vielfach sind es eingelagerte Stoffwechselschlacken, die Körper, Geist und Psyche schwächen und die Konzentrationsfähigkeit lahm legen können. Zu den rasch wirksamen Weckmaßnahmen gehören Saunagänge, Wasseranwendungen wie Gesichts- und Körpergüsse und Wechselduschen, Ganzkörper-Bürstenmassagen, Kopfmassagen und Reflexzonenmassagen sowie sportliche Betätigung im „weckenden" Element Wasser oder

an der frischen Luft. Ankurbelnde Unterstützung bieten Ihnen natürlich auch einige Heilpflanzen.

Ginko – weiser Rat aus Asien
Als ältester Baum der Welt (250 Millionen Jahre) trägt der Ginko symbolisch die Weisheit der Erde in sich und kann in dieser Hinsicht auch einiges für uns tun. Die fächerförmigen Blätter des Ginkobaumes enthalten hauptsächlich gefäßwirksame Stoffe, die die Fließeigenschaften des Blutes fördern, die gesamte Durchblutung aktivieren und damit eine bessere Versorgung des Gehirns mit Sauerstoff und Nährstoffen schaffen. Bei Konzentrationsschwäche, Gedächtnisstörungen und allgemein verminderter Reaktions- und Leistungsfähigkeit ist die Wirksamkeit des Ginkos angebracht.
Teerezept: 1 TL Ginko pro Tasse Aufguss, 10 – 15 Minuten ziehen lassen, abfiltern und 2 – 3 Tassen täglich trinken. Bei nervöser geistiger Erschöpfung können Sie mit einem Löffel Honig für eine rasche Energiezufuhr sorgen.

Mate – grünes Gold für das Gehirn
Reich an Vitamin C und mehr als 20 Aminosäuren bezeichnen die Lateinamerikaner „ihre“ Heilpflanze gern als „grünes Gold“. In Anbetracht der Wirkung ist etwas Wahres daran. Herz, Kreislauf und Magen profitieren von seinem Einfluss, und im Zuge der ganzheitlichen „Mobilmachung“ auch das Gehirn. Mate regt auf angenehme Weise an und befreit den Körper von Stoffwechselschlacken, die die Leistungsfähigkeit eindämmen können. Die Pfefferminzzugabe beim folgenden Rezept vermittelt sowohl geschmackliche als auch geistige Frischeimpulse.
Teerezept: Je 1 TL Mate und Pfefferminze mit 1 großen Tasse Wasser aufgießen, 10 Minuten ziehen lassen, abfiltern und 3 – 4 Tassen täglich trinken.

Weckt freudige Konzentration – der Boretsch
Der Kräuterkundige Hieronymus Bock (1498 – 1554) beschreibt die Wirkung des Boretschs: „... denn sie (die Boretschblumen) stärken das Herz und Hirn, erwecken die Verzagten und die traurigen und melancholischen Menschen zur Freude und zu munterem Sinn und läutern das Geblüt.“ Bei Konzentrationsmangel auf Grund von belastenden Gedanken, Traurigkeit oder Lustlosigkeit kann der Boretsch belebende Impulse vermitteln. Reichlich vorhandene Schleimstoffe neben ätherischem Öl, Asparagin und salpetersauren Salzen bewirken einen körperlich belebenden, erfrischenden Effekt. Angesammelte Giftstoffe, Verschleimungen und Verstopfung, die die Konzentration beeinträchtigen können, werden vom Boretsch ebenfalls ausgeleitet.
Teerezept: 1 TL Boretschblüten pro Tasse Aufguss, 5 – 8 Minuten ziehen lassen, abfiltern und 3 Tassen täglich trinken.

Kopfschmerzen

Bei Kopfschmerzen kommt es zu einer falschen Blutverteilung, zu Gefäßkrämpfen und zur Steigerung des Drucks im Schädel. Die Varianten (Dröhnen, Stiche, Klopfen etc.) und Ursachen von Kopfschmerzen sind vielfältig, ebenso die Zonen (Stirn, Schläfen, Hinter- oder Oberkopf), wo sich Kopfschmerzen verstärkt bemerkbar machen können.

Ursache: Auslöser für die Vorgänge in den Gefäßen und der Drucksteigerung können Stoffwechselkrankheiten (z. B. schlechte Verdauung), Kreislaufstörungen, Vitamin- und Sauerstoffmangel, hoher Blutdruck, Veränderungen der Halswirbelsäule, hormonelle Umstellungen, Eiterherde (z. B. Zähne), zu viel Alkohol, Sonneneinstrahlung, Hitze, Kälte, Umweltgifte (z. B. in Farben, Lacken) und vieles mehr sein.

Abhilfe: Da Kopfschmerzen wie erwähnt häufig die Folge einer Blutfehlleitung oder eines Überdrucks sind, verschaffen ableitende Maßnahmen Erleichterung. Das können sein: kalte Pfefferminz-Stirnkompressen, Wassertreten, Wechselfußbäder, Wadenwickel und kurze kalte Armbäder (Arme danach kräftig trocken rubbeln). Kopfschmerzen, die durch geistige Überbelastung (auch Sorgen, Ängste) hervorgerufen werden, lösen sich oft während einer entspannenden Meditation. Wohl tuend und erleichternd wirken sich Massagen von Kopfhaut, Schläfen und seitlichem Stirnbereich aus. Führen Sie die Massage mit ausstreichenden Griffen Richtung Hinterkopf über Nacken und Schulterblätter aus. Die Massagerichtung an der Stirn ist immer von innen nach außen gerichtet. Als alternative Therapien eignen sich Neural-, Segment- und Chirotherapie, ferner Akupressur, Akupunktur und Elektroakupunktur.

Löst den Druck im Kopf – der Lavendel

Leistungsdruck, nervöse Erschöpfung, Sorgen und Ängste können im wahrsten Sinn des Wortes „Druck im Kopf" verursachen. Dagegen sind die duftenden blauen Lavendelblüten mit krampflösenden ätherischen Ölen gewappnet, kräftigendem Cumarin und entspannungsfördernden Gerbstoffen. Lavendel hilft, Ruhe in die Gedanken zu bringen und löst den Druck mit sanfter Kraft. Beim folgenden Teerezept wird der Lavendel noch von der Rose ergänzt, die mit ihrem ganzheitlich harmonisierenden Effekt den Organismus umstimmt und auch manche körperlich bedingten Kopfschmerzen zur Auflösung bringt.

Teerezept: Je 1 TL Lavendelblüten und Rosenblüten, pro Tasse Aufguss, 5 Minuten ziehen lassen und abfiltern. 1 – 2 Tassen, eher abends trinken.

Frühlingsfrische Kopfschmerzhilfe – die Schlüsselblume

Wenn die Natur im Frühling erwacht, ist die Zeit der Schlüsselblume. Und kraftvoll, wie die junge Natur wirkt sie auch selbst. Mit ihr können Sie sozusagen Frühjahrsputz im Körper machen. Kopfschmerzen, die von Erkältungskrankheiten, Stoffwechselschlacken, harnsauren Rückständen usw. herrühren, werden von ihr ausgeleitet. Bei Blutandrang im Kopf, nervösen oder rheumatisch bedingten Kopfschmerzen und Migräne kann die Schlüsselblume heilend eingesetzt werden. Schleimlösende Saponine, Glykoside, Flavonoide, große Mengen Vitamin C und Kieselsäure, kräftigende bittere Extraktivstoffe, Primulakampfer und Zyklamin zählen zu ihren heilwirksamen Inhaltsstoffen.

Teerezept: 1 TL Schlüsselblumen pro Tasse Aufguss, 5 – 10 Minuten ziehen lassen, abgießen und 2 Tassen täglich trinken. Daneben kann eine homöopathische Schlüsselblumenessenz bei den beschriebenen Kopfschmerzen helfen.

Senf – scharfe Waffe gegen Kopfschmerzen

Der braunschwarze Senfsamen wird innerlich wie äußerlich zu verschiedenen Heilzwecken verwendet, so bei Kopfschmerzen, die auf Blutandrang im Kopf (häufig bei Erkältungskrankeiten und hohem Blutdruck) zurückzuführen sind. Die „Senfmehl-Prozedur" mag etwas mühsam erscheinen, oft wird man aber fast augenblicklich mit einem Erfolg belohnt. Die intensive Wirkung ist hauptsächlich auf das vorhandene Senföl zurückzuführen, auf ätherische Öle, das Alkaloid Sinapin und das Glykosid Sinigrin. Die nachfolgende Anwendung bewirkt eine Ableitung der Kopfschmerzen.

Äußere Behandlung: Aus 5 EL frisch gemahlenem Senfmehl (Farina Seminis Sinapis/Apotheke) und 4 – 5 EL lauwarmem (nicht über 40°) Wasser einen Senfbrei herstellen und auf ein kleines Leinentuch streichen. Geben Sie auf beide Waden je ein Stück angefeuchtete Verbandsgaze (als Hautschutz), und drücken Sie das Leinentuch mit dem Senfteig auf. Nach einigen Minuten beginnt die Hautstelle zu brennen, was Sie noch eine Minuten aushalten sollten. Dann wird die Packung abgenommen und die gerötete, manchmal geschwollene Haut mit beruhigendem Reismehl (Apotheke/Reformhaus) abgepudert.

Wermut – bittere „Pille" für den Kopfschmerz

Neben den schon beschriebenen Indikationen (niederer Blutdruck, Verstopfung) sind Kopfschmerzen eine weitere Anzeige für eine Wermutbehandlung. Insbesondere können Sie Wermut bei Kopfschmerzen nach Unfällen, bei Erkältung oder Erschöpfung, ferner bei Kopfdruck aufgrund von Leber-Gallenleiden und depressiven Verstimmungen einsetzen. Wirksam sind seine Inhaltsstoffe wie ätherisches Öl, Bitter- und Gerbstoffe, Flavonoide und Vitamin C.

Teerezept: 1 TL Wermutkraut pro Tasse Aufguss, 5 – 10 Minuten ziehen lassen, abfiltern und heiß trinken. Die Klosterfrau Hildegard von Bingen empfahl die folgende Wermut-Anwendung.

Äußere Behandlung: 10 g Wermutkraut in ½ Liter Wein geben und einige Stunden ziehen lassen. Mit dem abgefilterten Wermutwein die Stirn bis zu den Augenbrauen und Ohren sowie die Nackenpartie anfeuchten. Tragen Sie dann für einige Stunden ein Stirnband, das Schläfen wie Nacken bedeckt.

Leberbeschwerden

Im Organismus erfüllt die Leber mehr als 500 Aufgaben. Zu den wichtigsten zählt ihre Entgiftungsfunktion und die Produktion von etwa einem Liter Gallensaft, der für die Verdauung benötigt wird. Verschiedene Ursachen können zu einer Einschränkung der Funktion der Leberzellen führen. Mit Symptomen wie häufige Müdigkeit und Erschöpfung, Appetitmangel im Wechsel mit Heißhungerattacken, Übelkeit, Fettunverträglichkeit, Depressionen bis hin zur Gelbsucht, zeigt sich dies an.

Ursachen: Der Leberschwäche können verschiedene Leberkrankheiten oder eine längere Überbeanspruchung dieses „Schwerstarbeiters" vorangegangen sein. Vergiftungen (z. B. Pilze), Alkohol- und Tablettenmissbrauch, Leberentzündungen und andere Infektionskrankheiten sollten als mögliche Ursachen hinterfragt werden.

Abhilfe: Die Ursache der Leberbeschwerden sollte auf jeden Fall beim Arzt abgeklärt werden, ebenso, ob eine Leberdiät eingehalten werden muss. Bei der Behandlung der Leberschwäche geht es darum, die mangelnde, fehlfunktionierende Lebertätigkeit zu harmonisieren. Da Leber und Galle eine eng zusammen arbeitende Organsymbiose darstellen, sprechen einige Anwendungen beide Organe an und rufen unterschiedliche Reaktionen hervor. Es geht entweder darum, die Leber zur Bildung von Galle anzuregen, oder darum, den Abfluss bereits gebildeter und in der Gallenblase gespeicherter Galle zu aktivieren.

Gegen Völlegefühl und Blähungen – die Artischocke

Die Artischocke wird hauptsächlich bei Gallenbeschwerden eingesetzt, wo sie Brechreiz, Völlegefühl und Blähungen lindert und den Abbau von Cholesterin anregt. Untersuchungen haben ergeben, dass durch die Artischocke die Durchblutung der Leber angeregt wird, was sich unterstützend auf alle Leberfunktionen auswirkt. In Wurzeln und Blättern der Artischocke sind der heilkräftige Bitterstoff Cynarin, Cynaropikrin, Luteolin, Gerb- und Schleimstoffe, Fermente und Vitamin A sowie B enthalten.

Presssaft: Den Frischpflanzenpresssaft aus Artischockenblättern (Apotheke/ Reformhaus) können Sie bei entsprechenden Beschwerden kurmäßig und löffelweise einnehmen, ggf. nach Rücksprache mit dem Arzt oder Heilpraktiker.

Krampf- und blähungswidrig – der Fenchel

Der Fenchel zählt zu den klassischen Heilmitteln für viele Beschwerden im Verdauungsbereich. Sie können ihn zur Unter-

stützung von Leber und Galle einsetzen. Der hohe Anteil an ätherischem und fettem Öl mit Terpenen, Anethol, Fenchon und pflanzlichen Eiweißsubstanzen wirkt lösend bei Krämpfen, Blähungen und Gärungsprozessen. Fenchel fördert außerdem die Ausscheidung der Schleimhäute des Magens und des Darmes und erleichtert so die Ausscheidungsprozesse.
Teerezept: 1 TL Fenchelsamen zerstoßen und mit einer Tasse Wasser aufgießen, 5 Minuten ziehen lassen und heiß in kleinen Schlucken langsam trinken. Bis 4 Tassen täglich.
Fenchelhonig: Etwas Fenchelextrakt (Apotheke) mit 1 EL hochwertigem (kaltgeschleudertem) Honig im warmen Wasserbad vermischen. Nehmen Sie den Fenchelhonig bei krampfartigen Beschwerden ein. Reichlich Fenchelfrüchte auf dem Speiseplan tragen zum Wohlbefinden bei.

Wehrhaft gegen massive Beschwerden – die Mariendistel
Die Mariendistel wird bei akuter Leberentzündung, chronischen Leber- und Milzleiden, Gelbsucht, Gallensteinkolik bis hin zur Leberzirrhose eingesetzt. Heilwirksam sind die im Samen der Distel enthaltenen Stoffe Silimarin, Silibinin, Thyramin, Histamin, Agmatin, Gerb- und Bitterstoffe, fettes Öl sowie wertvolle Aminosäuren. Sie beeinflussen das vegetative Nervensystem, wirken regulierend auf den Zellstoffwechsel und regen die Drüsenfunktion an. Unter diesen Voraussetzungen verstärkt sich der Gallenfluss und die Leberzellen werden angeregt.
Teerezept: 1 TL Mariendistelsamen pro Tasse Aufguss und 10 Minuten ziehen lassen. Nach dem Abgießen heiß und zuckerlos trinken. 2 – 3 Tassen täglich – morgens nüchtern, sonst jeweils ½ Stunde vor dem Essen. Die homöopathische Samentinktur (Carduus Marianus, dil D1) kann ergänzend nach Angabe des Arztes eingenommen werden.

Pfefferminze für Leber und Galle
Mit ihrem heilwirksamen Gehalt an Pfefferminzöl, Gerb- und Bitterstoffen sowie Enzymen können Sie die Pfefferminze auch sehr gut als gallefördernde Heilpflanze einsetzen. Sie ist ein geeignetes (da meist im Haushalt verfügbares) Erste-Hilfe-Mittel bei den verschiedensten Verdauungsproblemen, z. B. bei einer Gallenblasenentzündungen oder bei einer Gallensteinkolik. Im folgenden Rezept „arbeiten“ vier leber- und gallenwirksame, verdauungsanregende und krampflösende Kräuter zusammen.
Teerezept: Aus 50 g Pfefferminzblättern, je 25 g Hauhechel und Enzianwurzel sowie 5 g Faulbaumrinde eine Teemischung herstellen. Pro Tasse Aufguss 1 TL abnehmen und 5 Minuten ziehen lassen. 2 – 3 Tassen täglich trinken.

Magenbeschwerden

Völlegefühl, Aufstoßen, Magendrücken und Sodbrennen, Magenkrämpfe und ständiger Schmerz – der Magen kann sei-

nen Unmut auf verschiedene Weise zeigen. In an- und abschwellenden Schmerzen äußern sich Magenkrämpfe, die vorübergehend oder längere Zeit bestehen können.
Ursachen: Magendrücken tritt meist nach reichlichem, zu schwerem oder zu fettem Essen auf. Die gestörte bzw. die Überproduktion von Magensäure macht sich durch Sodbrennen bemerkbar. Stress, hastiges Essen, ungenügendes Kauen, verkrümmte Haltung beim Essen, aber auch verschiedene ernstere Magenkrankheiten und Stoffwechselstörungen können die Ursache von Magenkrämpfen sein. Häufige oder ständige Magenschmerzen treten bei einer Magenschleimhautentzündung, Magengeschwüren oder Störungen der Magenschleimhautproduktion auf. Daneben können Magenschmerzen auf Erkrankungen der Galle oder des Herzens hinweisen.
Abhilfe: Greifen Sie im Fall von Magendrücken zu verdauungsanregenden, magenunterstützenden Heilkräutern. Gönnen Sie Ihrem Magen nach einem Festtag einen Fasttag zur Regeneration. Heilpflanzen mit intensiv krampflösender, entspannender Wirkung helfen bei Magenkrämpfen. Warme Wickel und Auflagen, Atemübungen und autogenes Training unterstützen die Entspannung des Magens. Ähnlich können Sie bei Magenschmerzen vorgehen, ergänzt von Heiltees mit beruhigender Wirkung. Beobachten Sie den Verlauf von Ihren Magenbeschwerden in jedem Fall. Wenn die Kräutertherapie nicht innerhalb von 2 – 3 Tagen anschlägt, sollten Sie die Ursache medizinisch abklären lassen.

Würzige Heilimpulse durch Bohnenkraut

Magen- und Darmkrämpfe, Durchfälle und Brechreiz stehen auf der „Behandlungsliste“ des Bohnenkrauts. Seine blähungswidrigen, krampflösenden und bakterientötenden Inhaltsstoffe, wie Carvacrol, Cymol, ätherische Öle, Gerbstoffe, organische Säuren, ferner pflanzliches Eiweiß, Fette und Zuckerarten können nicht nur als Tee hilfreich sein. Bohnenkraut eignet sich auch als gesundes Würzmittel (gut anstatt Pfeffer). Schwere Speisen, wie Erbsen-, Linsen-, Bohnen- und Fleischgerichte macht das verdauungsfreundliche Kraut bekömmlicher.
Teerezept: 1 TL Bohnenkraut pro Tasse Aufguss, 10 Minuten ziehen lassen und nach dem Abgießen heiß und ohne Zucker trinken. 2 – 3 Tassen täglich.

Enzian packt das Übel an der Wurzel

In der Enzianwurzel sind reichlich magenstärkende Bitterstoffe (so genannte „Amara“), Glykoside, fettes Öl, Gummi, Gentiansäure und Mineralstoffe enthalten. Sie regen die Magensaftsekretion deutlich an, fördern die Verdauung, reduzieren Blähungen und wirken dem Magendruck nach schweren Speisen entgegen. Hilfreich ist der Enzian besonders bei Völlegefühl, das mit Leber- und Gallenbeschwerden auftritt.
Teerezept: ½ TL fein geschnittene Enzianwurzel mit einer Tasse kaltem Wasser ansetzen und 7 – 8 Stunden ziehen lassen. Nach dem Abfiltern ca. 1 Stunde vor dem Essen in kleinen Schlucken trinken. Fer-

tig in Apotheken/Reformhäusern erhältlich sind Enzian-Magentropfen, Enzianpulver sowie Enzianwein, die nach dem Herstellerhinweis oder nach Empfehlung des medizinischen Beraters eingenommen werden sollten.

Stets zu Hilfe – die Kamille

Die Vielzahl der Indikationen für Kamille umfasst auch Magenkrämpfe, Magenverstimmungen und Blähungen. Bei der Magenbehandlung spielen vor allem das ätherische Öl, Kamillenöl, Azulen sowie Bitterstoffe dieser Heilpflanze eine wichtige Rolle. Beim folgenden Teerezept werden die beruhigenden, krampflösenden und entzündungshemmenden Inhaltsstoffe der Kamille von zwei wirksamen Leber-Gallemitteln ergänzt.

Teerezept: 50 g Kamillenblüten und je 10 g zerstoßene Kümmel- und Fenchelsamen zu einer Basismischung zusammengeben. 1 – 2 TL pro Tasse Aufguss entnehmen, 10 Minuten ziehen lassen und heiß trinken. 2 – 3 Tassen täglich.

Malve beruhigt gereizte Schleimhäute

Ihr hoher Gehalt an Schleimstoffen, Gerbstoffen und ätherischem Öl hat die Malve zu einem bewährten Mittel bei Reizungen und Entzündungen von Schleimhäuten im Körperinneren gemacht. Die Schleimstoffe der Malve überziehen die gereizten Schleimhäute, z. B. bei einer Magenschleimhautentzündung, mit einer schützenden Schicht. Außerdem trägt die zusammenziehende Gerbstoffwirkung zur Heilung des Leidens bei. „Magenpflegende“ Rosenblüten ergänzen die Malve bei diesem Rezept.

Teerezept: Je 1 TL Malven- und Rosenblüten pro Tasse Aufguss, 10 Minuten ziehen lassen und abfiltern. 3 - 4 Tassen täglich.

Migräne

Augenflimmern, starke Müdigkeit, Gereiztheit, manchmal auch euphorische Stimmungen, die mit depressiven Phasen abwechseln, sind einige typische Symptome, mit denen sich eine Migräne ankündigt. Der Schmerz steigert sich dann rasch und tritt meist einseitig als Stirn-, Schläfen- oder Augenschmerz auf. Übelkeit, Brechreiz, Lichtscheue, Überempfindlichkeit aller Sinne, Depression, Blässe oder Fleckenbildung im Gesicht können den Migräneanfall begleiten.

Ursachen: Seelisch-nervöse Gründe, hormonelle Umstellungen, allergische Reaktionen, Klima- und Wetterwechsel, Stress, Ärger, Überlastung, ferner auch Erbanlagen und Wirbelsäulenprobleme können Migräne verursachen. Letzteres wird bestätigt, wenn sich beim Kopfwenden der Migräneschmerz verschlimmert.

Abhilfe: Je nach beobachteter und vermuteter Ursache kann man den Migräneanfall oft schon im Vorfeld „abfangen“. Maßnahmen können Akupunktur, Akupressur, Neural- und Segmenttherapie sein. Bei der seelisch-nervös bedingten

Migräne kann man auf psychotherapeutischem Weg die Gefahrenmomente entschlüsseln und auflösen. Bei hormonellen Störungen kann Lymphdränage der Migräne entgegenwirken. Entspannend und erleichternd bei einer akuten Migräne ist eine Farbbehandlung mit Blau. Das Gesicht und möglichst auch die seitlichen Halspartien sowie der Hinterkopfbereich werden in 2-stündigem Rhythmus jeweils für 20 Minuten bestrahlt.

Löst die Verkrampfung – das Gänsefingerkraut
Wegen seiner sehr guten krampflösenden Wirkung wird Gänsefingerkraut für krampfartige Erscheinungen, z. B. im Magen-Darmtrakt, bei Muskel- und Wadenkrämpfen, krampfartigen Nervenleiden usw. eingesetzt. Bei einer Migräne löst das Kraut die Verkrampfung der Hirngefäße. Zu den heilkräftigen Inhaltsstoffen der Pflanze zählen ihr hoher Gerbstoffgehalt, das Glykosid Tormentillin, ätherisches Öl, Ellagsäure, Chinovasäure, organische Säuren, Gummi und Stärke.
Teerezept: 1 TL Gänsefingerkraut pro Tasse Aufguss, 5 –10 Minuten ziehen lassen, abfiltern und in kleinen Schlucken trinken. 2 Tassen täglich.

Kümmel gegen Migräne-Brechreiz
Oft wird die Migräne begleitet von Übelkeit und Brechreiz. Hier kann Kümmel mit seinem harmonisierenden und krampflösenden Effekt hilfreich sein. Kümmel ist reich an ätherischen und fetten Ölen sowie Spurenelementen, Zucker und Stärke.
Teerezept: 1 TL frisch zerstoßenen Kümmel pro Tasse Aufguss, 10 Minuten ziehen lassen und zuckerlos trinken. 2 – 3 Tassen täglich.

Entspannt und kühlt: Lavendel
Lavendel eignet sich gut, wenn nervöse Störungen, Stress und Sorgen die Migräne hervorrufen haben. Er vereinigt sowohl eine krampflösende, beruhigende als auch regulierend-belebende Wirkung in sich. Diese beruht auf dem Zusammenspiel seiner Inhaltsstoffe wie ätherischem Öl, Glykosid, Saponinen, Harz, Gerb- und Bitterstoffen. Wirksam ist er auch bei Schwindel und Neigung zur Ohnmacht, die ebenfalls migränebedingt auftreten können.
Teerezept: 1 TL getrocknete Lavendelblüten pro Tasse Aufguss übergießen, 2 – 3 Minuten ziehen lassen und bis 3 Tassen täglich trinken.
Entspannungsbad: 5 – 10 Tropfen hoch wertiges ätherisches Lavendelöl in 2 EL Pflanzenöl rühren und das Öl zum bereits eingefüllten Badewasser (37 – 39°) geben und gut untermischen. Entspannen Sie etwa 10 bis 15 Minuten im Lavendelbad.

Klärend und befreiend: der Wacholder
Neben einer Vielzahl anderer Indikationen kann Wacholder auch gegen heftige Kopfschmerzen und Migräne eingesetzt werden, die auf eine Übersäuerung des Organismus (viel Kaffee, Geräuchertes, Alkohol, scharf Gewürztes, Dauerstress, psychische Überlastung) zurückzuführen sind. Die Liste der säurewirksamen

Inhaltsstoffe des Wacholders ist lang und umfasst ätherisches Öl, Bitter- und Gerbstoffe, Pektine, Traubenzucker, organische Säuren, Mineralstoffe und Vitamin C.
Teerezept: 1 TL zerquetschte frische oder getrocknete Wacholderbeeren pro Tasse Aufguss, 20 Minuten ziehen lassen und abfiltern. Schluckweise 1 – 2 Tassen täglich trinken.

Mundschleimhauterkrankungen

Die sensible Mundschleimhaut reagiert meist rasch auf verschiedene Missstände. Sie kann schmerzhaft anschwellen, druckempfindlich und gerötet sein und zu Blutungen neigen. Daneben können Bläschen und Geschwüre und, je nach Ursache, Fieber und eine Schwellung der Halslymphknoten auftreten.
Ursachen: Mechanische oder chemische Einflüsse (z. B. falsches Zähneputzen oder Zahnfüllungen), Verzehr von zu heißen oder zu kalten Speisen, Infektionskrankheiten, Vitaminmangel, Hormon- und Stoffwechselstörungen können die Gesundheit der Mundschleimhaut beeinträchtigen.
Abhilfe: Mundspülungen und Gurgeln mit gerbstoffreichen Kräutern und Zitronensaft, daneben Zähneputzen mit einer „Softbürste" gehören zu den wichtigsten Erste-Hilfe-Maßnahmen. Eine regelmäßige Zahnarztkontrolle lässt mögliche Krankheitsherde durch defekte Zähne oder Zahnfüllungen erkennen. Den Heilungsprozess unterstützen nahrungsergänzendes Vitamin C bzw. Multivitamingaben. Wechseln Sie bei Neigung zu diesen Symptomen alle zwei Wochen die Zahnbürste.

Entzieht Giftstoffe und heilt – Bockshornklee

Bei allen entzündlichen Vorgängen im Mund und des Rachens können Sie Bockshornklee einsetzen. Die Samen dieser Pflanze wirken entzündungshemmend, aufsaugend, eiterentziehend und wundheilend. Sie enthalten reichlich Schleim, fettes Öl, aromatische und Bitterstoffe, Saponine, Alkaloide, Cholin und Harze.
Gurgelwasser: 1 TL Bockshornkleesamen im Mörser zerstoßen und mit 1 Tasse kaltem Wasser ansetzen und 10 Minuten ziehen lassen. Danach kurz aufkochen, abfiltern und mit dem abgekühlten Tee Mundspülungen durchführen und gurgeln.

Große Klette gegen Blasen und Entzündungen

Die große Klette besitzt eine blutreinigende und giftentziehende Wirkung und fördert die Heilung bei Mundschleimhautentzündungen, Blasen in Mund und Rachen, bei wunden Lippen und einigen anderen Hautleiden. Wirksam sind ihr ätherisches und fettes Öl, Kohlenhydrate, organische Säuren und Gerbstoffe.
Teerezept: 1 TL Klettenwurzel mit 1 Tasse kaltem Wasser ansetzen, 7 – 8 Stunden ziehen lassen, einmal kurz aufkochen und abfiltern. 2 Tassen täglich trinken. Den Tee

können Sie auch zu Mundspülungen sowie zum Gurgeln verwenden. Der frisch gepresste Wurzelsaft kann direkt auf die betroffenen Stellen im Lippenbereich aufgetragen werden.

Schließt die Wunden: Odermenning
Die im Odermenning reichlich enthaltenen Gerb- und Bitterstoffe sowie Kieselsäure und ätherische Öle machen ihn zu einem guten Mittel gegen Mundausschläge und Entzündungen im Mund- und Rachenbereich. Dabei sind die Gerbstoffe mit ihrer zusammenziehenden Wirkung, die Kieselsäure mit ihrem hautregenerierenden Einfluss und die antibakteriell wirkenden ätherischen Öle hervorzuheben.
Rezept: 1 TL Odermenning pro Tasse Aufguss, 10 Minuten ziehen lassen und nach dem Abfiltern lauwarm für Mundspülungen einsetzen.

Schmerzstillend und entzündungshemmend – der Salbei
Entzündungen von Mundschleimhaut und Zahnfleisch, Bläschenbildung oder andere Wunden (z. B. durch Aufbeißen) können mit Salbei behandelt werden. Die Blätter und Blüten enthalten eine Vielzahl an Inhaltsstoffen, die seine desinfizierende und wundheilende Wirkung ausmachen, so ätherische Öle, Kampfer, Salviol, Thyon, Pinen, Borneol, Gerb- und Bitterstoffe und Glykoside.
Rezept: 1 TL Salbeiblätter pro Tasse Aufguss, 5 – 10 Minuten ziehen lassen, abfiltern und nach dem Abkühlen zum Gurgeln und Spülen des Mund- und Rachenraumes verwenden. Wenn Sie frische Salbeiblätter zur Hand haben, können Sie diese kauen, einige Zeit im Mund behalten und Reste ausspucken.

Nierenbeckenentzündung

Die Symptome einer Nierenbeckenentzündung sind ein allgemeines Krankheitsgefühl, häufig in Verbindung mit Kreuzschmerzen. Auch Fieber und Schüttelfrost sowie trüber bis blutiger Harn können auftreten.
Ursachen: Bei einer verschleppten Blasenentzündung steigen Krankheitserreger aus der Blase ins Nierenbecken auf. Seltener ist, dass die Krankheitserreger über das Blut ins Nierenbecken gelangen. Daneben kann eine Missbildung der Harnorgane zum Rückstau von Urin ins Nierenbecken führen und ein Infektion und Entzündung zur Folge haben. Häufige Darmträgheit, Verstopfung, Nässe und Kälte wirken sich negativ auf die Nierenbeckenentzündung aus.
Abhilfen: Neben der ärztlichen Behandlung können Sie durch salz- und reizarme Kost (keine Gewürze, Essig etc.) die Ausheilung der Entzündung fördern. Hilfreich sind auch kurze (1 – 3 Tage) Trinkkuren mit verdünnten Säften und desinfizierenden Tees. Wohl tuende und heilungsfördernde äußerliche Behandlungen sind Sitzbäder, Fußdampfbäder und warme Umschläge.

Vorbeugend und entzündungswidrig – die Bärentraube

Um ein Ausweiten einer Blasenentzündung zu vermeiden, kann die Bärentraube zur vorbeugenden Behandlung verwendet werden. Zu beachten ist, dass die Bärentraube ihre Wirkung nur in alkalischem Harn entfaltet, weshalb Sie viel basenreiche Kost (Obst, Gemüse) zu sich nehmen sollten. Wirksam sind Inhaltsstoffe wie Gerb- und Bitterstoffe, Glykoside und Flavonoide.

Teerezept: 3 TL Bärentraubenblätter mit 3 Tassen kaltem Wasser ansetzen, bis 24 Stunden ziehen lassen, abfiltern und diese Menge über den Tag verteilt trinken.

Als Tee und Badezusatz – der Liebstöckel

Einsetzbar ist Liebstöckel innerlich in Form von Tee sowie als Badezusatz zur Stärkung der Unterleibsorgane. Das so genannte „Maggikraut“ enthält reichlich ätherische Öle, Zuckerarten, Stärke und Gerbstoffe. In der Volksheilkunde hat es sich bei Harnblasenkatarrh, Nierenbeckenentzündung, Eiweiß im Harn, bei Nierengrieß und Nierensteinen bewährt.

Teerezept: ½ TL frische Liebstöckelwurzel (getrocknet 1 TL) pro Tasse Aufguss, 5 Minuten ziehen lassen und nach dem Abfiltern heiß trinken.

Badezusatz: Etwa 1 kg klein geschnittene Liebstöckelwurzel mit 5 Liter Wasser kalt ansetzen und einige Stunden ziehen lassen. Kurz aufkochen, abfiltern und den Absud dem Vollbad zugeben, bei Teilbädern entsprechend weniger Ansatz.

Wintergrün bei Harnverhaltung

Das getrocknete blühende Kraut des Wintergrüns hat sich bei krankhaftem Harnverhalten, bei Eiweiß in Blut und Harn, chronischen Nierenkrankheiten sowie bei Prostatabeschwerden bewährt. Seine umfassende Wirkung beruht auf dem Gehalt an Glykosiden, Bitter- und Gerbstoffen, Tannin, Harzen und organischen Säuren. Beim nachfolgenden Tee ergänzt Zinnkraut die Wirkung des Wintergrüns. Die im Zinnkraut reichlich vorhandene Kieselsäure trägt zum Heilungsprozess durch die zellgewebserneuernde Wirkung dieses Spurenelementes bei.

Teerezept: Je ½ TL Wintergrün und Zinnkraut pro Tasse Aufguss, 5 Minuten ziehen lassen, abfiltern und in kleinen Schlucken heiß trinken.

Contra Grieß und Steinbildung – die Hagebutte

Nieren- und Blasenerkrankungen aller Art können von der Hagebutte positiv beeinflusst werden. Die beruht einerseits auf ihrem blutreinigenden und harnfördernden Effekt, andererseits wirkt sie Entzündungen, Grieß- und Steinbildungen entgegen. Bei Nieren- und Blasenkrankheiten wird der Gehalt an Frucht- und Gerbsäuren, fettem Öl, Niacin sowie Pektin der Hagebuttenkerne hervorgehoben. Ergänzend fördert der Vitamin C-Gehalt der Früchte die natürlichen Abwehrkräfte und leistet damit einen wichtigen Beitrag zur Heilung.

Teerezept: 1 TL zerstoßene Hagebuttenkerne mit 1 Tasse Wasser ½ Stunde aufkochen lassen und abfiltern. Trinken Sie abends 1 Tasse von diesem heißen Tee. Zusätzlich können Sie 3 – 4 Tassen Tee aus getrockneten Hagebuttenfrüchten trinken (1 TL pro Tasse Aufguss, 10 Minuten ziehen lassen).

Ohrenschmerzen

An- und abschwellende Schmerzen, oft auch als drückend und stechend beschrieben, sind typische Symptome einer Mittelohrentzündung, die mit einem Schnupfen oder Atemwegskatarrh auftreten kann. Begleitend kann es zu Brechreiz, Schwerhörigkeit, Appetitlosigkeit und Fieber kommen. Eine Innenohrentzündung kann Symptome von Schwerhörigkeit bis zu Taubheit, Gleichgewichtsstörungen, Augenzittern und Erbrechen hervorrufen.

Ursachen: Bei der Mittelohrentzündung gelangen Krankheitserreger über die Nasenwege ins Mittelohr und verursachen dort eine Infektion. Möglich, wenn auch selten, ist die Infektion über ein Loch im Trommelfell oder über das Blut. Wird die Mittelohrentzündung nicht auskuriert kann es zu einer Innenohrentzündung kommen, die sich auf das Gehirn ausweiten kann.

Abhilfe: Beide Ohrerkrankungen sollten auf jeden Fall vom Arzt therapiert werden. Sprechen Sie eine zusätzliche Heilkräuterbehandlung mit ihm ab. Zur Heilung beitragen können Ohrauflagen und Ohrdämpfe mit Heilkräutern wie Bockshornklee, Heublumen und Kamille. Als alternative Therapien kommen eine Eigenblut- und Neuraltherapie in Betracht.

Ginko – gefäßwirksam und durchblutungsfördernd

Ginko intensiviert deutlich die Gefäßdurchblutung der mittleren und kleinen Arterien. Bei Beschwerden wie Ohrgeräuschen und Ohrensausen kann dieser Einfluss heilsam sein. Eine Vielzahl an Glykosiden, Ginkgoloiden, Flavonoiden, Wachsen und organischen Säuren machen die Wirkung des Ginkos aus.

Teerezept: 1 TL Ginko pro Tasse Aufguss, 5 Minuten ziehen lassen, abfiltern und 2 – 3 Tassen täglich trinken.

Spitzwegerich gegen neuralgische Schmerzen

Insbesondere neuralgische Ohrenschmerzen können Sie mit dem Saft der Spitzwegerichblätter zum Abklingen bringen. Enthalten sind neben reichlich Schleimstoffen Glykoside, Saponine und Bitterstoffe, tanninähnliche Substanzen, Chlorophyll, ätherische Öle und die Vitamine A, C und K sowie Kalium und Kieselsäure.

Ohrtropfen: Einige frische Spitzwegerichblätter pressen und den so gewonnenen Saft ins Ohr träufeln. Gegen verhärtetes Ohrenschmalz ist eine Glyzerin-Spitzwegerich-Mischung wirksam. Verwenden Sie dazu eine homöopathische Spitzwegerichtinktur (Apotheke), und mischen Sie diese je zu gleichen Teilen mit

Glyzerin. Vor dem Einträufeln ins Ohr leicht erwärmen.

Löst den Druck im Ohr – die Malve

Neben der schon beschriebenen Magenwirksamkeit kann die Malve auch bei Ohrenbeschwerden eingesetzt werden. Als Tee eingenommen oder durch Gurgeln, beeinflusst sie mit ihren Schleim- und Gerbstoffen sowie den ätherischen Ölen und Flavonoiden entzündliche Prozesse im Hals- und Rachenraum, die ein schmerzhaftes Druck- und Empfindlichkeitsgefühl der Ohren hervorrufen können. Äußerlich wirken Malvenumschläge entzündungshemmend und schmerzberuhigend.

Malvenumschlag: Je ½ TL Malvenwurzel und Malvenblätter in kaltem Wasser ansetzen und einige Minuten aufkochen lassen. Die Kräuterreste abgießen und in ein Leinensäckchen füllen. Tränken Sie dieses im Malvenabsud, und legen Sie es warm auf das schmerzende Ohr. Ein vorgewärmtes Handtuch um den Kopf binden und den Umschlag aufliegen lassen, solange er Wärme abgibt. Halten Sie das Ohr anschließend warm und zugfrei.

Teerezept: Je 1 TL Malvenblüten und Rosenblüten pro Tasse Aufguss, 10 Minuten ziehen lassen und in kleinen Schlucken trinken. Dieser Tee wirkt wohl tuend auf den Rachenraum und wirkt den von dort ausstrahlenden Ohrenschmerzen entgegen. Daneben löst die harmonisierende Wirkung der Rose gereizte Stimmungen auf, die durch den ständigen Schmerz entstehen können.

Wermut macht Ohrenschmerzen „Dampf"

Das im Wermutkraut enthaltene entzündungshemmende Azulen, daneben das ätherische Öl Thujon, Terpene, Tanazeton, Wermutöl, Bitter- und Gerbstoffe und organische Säuren ergeben eine für eiternde und schmerzende Ohren heilkräftige Wirkung. Die folgende Ohrbehandlung wird äußerlich durchgeführt. Ergänzend und zur allgemeinen Kräftigung können Sie auch Wermuttee trinken.

Ohrdampfbad: 3 TL Wermutkraut mit 3 Tassen Wasser aufkochen lassen und die gesamte Mischung in eine enghalsige Glasflasche füllen. Der aus der Flasche aufsteigende Dampf wird für 5 – 10 Minuten dicht an das kranke Ohr gerichtet, so dass der Wermutdampf einströmen kann. Führen Sie die Behandlung in einem warmen Raum durch, und bedecken Sie das Ohr anschließend mit einer warmen Auflage.

PMS (Prämenstruelles Syndrom)

Zwischen zwei Tagen und zwei Wochen vor der Menstruation können die unangenehm bis schmerzhaften PMS-Symptome auftreten. Dazu gehören im körperlichen Bereich der Flüssigkeitsstau (z. B. geschwollene Beine), Gewichtszunahme durch Wassereinlagerungen im Gewebe, Empfindlichkeit der Brüste, Kopfschmerzen, Übelkeit, Schlaflosigkeit und Hautreaktionen. Es können psychische Beschwerden auftreten, wie Antriebslosigkeit, Depression, mangelndes Selbstwertgefühl, unkontrollierbare Gefühle (z. B. Weinkrämpfe), Reizbarkeit, Heißhunger, Appetitlosigkeit etc. Die Symptome können von Monat zu Monat variieren.

Ursache: Mangelzustände oder Überproduktionen bestimmter vom Körper benötigter Stoffe können das PMS begünstigen. Mangeln kann es beispielsweise an Vitaminen der B-Reihe oder an essenziellen Fettsäuren. Ein Zuviel besteht häufig am Hormon Prolaktin, ebenso kann ein extrem hoher Östrogenspiegel den Ausschlag geben.

Abhilfe: Einige Tage bevor Sie Ihre PMS-Beschwerden erwarten, können Sie ihnen mit einer kleinen Änderung des Speiseplans entgegenwirken. Reifes Obst, Gemüsemahlzeiten, Verzicht auf Schweinefleisch, gepökelte Wurstsorten (z. B. Salami) und salzhaltigen Käse wirken der Wasseransammlung entgegen und fördern den Stoffwechsel. Nachtkerzenölkapseln versorgen Sie mit den jetzt wichtigen mehrfach ungesättigten Fettsäuren. In Ergänzung wirken sich B-Vitamine, insbesondere Vitamin B 6, C und Niacin, Zink und Magnesium günstig auf die hormonellen Vorgänge aus. Massagen mit ätherischen Ölen, z. B. Kamille, Geranie, Rose, Lavendel, Pfefferminze, Zedernholz oder Zypresse schaffen Entspannung. Entwässernde Tees (Löwenzahn, Brennnessel, Petersilie) entstauen das Gewebe. Hilfreich sind Sportarten wie Yoga, Strech-Gymnastik und Schwimmen, auch Saunagänge haben sich hier bewährt.

Kraut der Göttin – Frauenmantel

Die alten Germanen weihten das Frauenmantelkraut ihrer Natur- und Fruchtbarkeitsgöttin Frigga. Nicht ohne Grund: Neben der Indikation als Wundkraut ist diese Pflanze auch ein „Kraut für die Frauen". In der Volksheilkunde wird sie vielfach bei Frauenunterleibsbeschwerden und zur Behandlung des PMS-Syndroms eingesetzt. Frauenmantel enthält Wirkstoffe, die diese Beschwerden positiv beeinflussen, u. a. dämmende Gerbstoffe, verdauungswirksame Bitterstoffe sowie nervenausgleichendes Lecithin. Von drei heilwirksamen Kräutern wird das Frauenmantelkraut im folgenden Rezept ergänzt.

Sitzbad: Je 50 g Frauenmantel, Eichenrinde, Zinnkraut und Haferstroh in 5 Liter Wasser kurz aufkochen, dann 10 Minuten ziehen lassen. Den mehrmals abgefilterten Absud in die Sitzbadewanne gießen und etwa 10 Minuten im Wasser verbringen. Danach tut es gut, im vorgewärmten Bett zu entspannen.

Teerezept: 1 TL Frauenmantelkraut pro Tasse Aufguss, 5 – 10 Minuten ziehen lassen und zuckerlos in kleinen Schlucken trinken. 2 Tassen täglich.

Johanniskraut hellt die Stimmung auf

Urplötzlich sind sie da – die depressiven Verstimmungen, die „die Tage" ganz schön schwer machen können. Johanniskraut mit seinem stimmungsausgleichenden Inhaltsstoff Hypericin kann Abhilfe schaffen. Eine beruhigend-entkrampfende Wirkung hat Johanniskraut bei Gebärmutterkrämpfen, Entzündungen der Gebärmutterinnenwand und Menstruationsbeschwerden. Als kleiner Nachteil ruft das Hypericin eine erhöhte Lichtempfindlichkeit hervor. Deshalb: Vorsicht bei Sonneneinstrahlung.

Teerezept: 1 TL Johanniskraut pro Tasse Aufguss, 5 Minuten ziehen lassen und abfiltern. Trinken Sie morgens und abends eine Tasse.

Entwässert und erleichtert: die Walderdbeere

Bis zu zwei Kilo mehr Gewicht können die Wasseransammlungen im Gewebe ausmachen. Das Wasser sammelt sich schon vor dem Einsetzen der Periode an, und die entwässernde Erdbeere sollte daher einige Tage vor Beginn verwendet werden. Gerb- und Schleimstoffe, organische Säuren sowie die Mineralstoffe in den Blättern der Walderdbeere rufen einen blutreinigenden und wasseranregenden Effekt hervor. Die häufig auftretenden Hautunreinheiten werden damit ebenfalls ausgeglichen. Stark entwässernd sind übrigens auch frische Erdbeeren. Bei der folgenden Teemischung ergänzen sich die Wirkung der Erdbeere mit dem krampflösenden und blähungswidrigen Einfluss der Pfefferminze.

Teerezept: 30 g getrocknete Erdbeerblätter und 10 g Pfefferminze mischen und von dieser Teebasis pro Tasse Aufguss 1 TL entnehmen. 5 Minuten ziehen lassen, abfiltern und 2 – 3 Tassen täglich trinken.

Reduziert Druck und wirkt eröffnend – das Ysopkraut

Bei einigen typischen Beschwerden des PMS-Syndroms bringt Ysopkraut Erleichterung. Seine Zusammensetzung an Hesperidin, ätherischen Ölen, Glykosiden, organischen Säuren und Gerbstoffen fördert das Einsetzen der Regel. Ysop wirkt entschleimend, blutreinigend und virenhemmend. Es reduziert das Druckgefühl im Unterleib und regt mild die Verdauungsorgane an. In der Volksheilkunde wird Ysop gern mit Fenchel ergänzt, der mit seiner blähungswidrigen und krampflösenden Wirkung diesen „Frauentee“ ideal ergänzt.

Teerezept: Je 1 TL Ysopkraut und Fenchel mit 1 großen Tasse Wasser aufgießen, 5 – 10 Minuten ziehen lassen, abfiltern und warm trinken. 1 – 3 Tassen täglich.

Reizblase/Blasenschwäche (Inkontinenz)

Ungewollt löst sich Urin, in manchen Fällen ohne vorherigen Harndrang. Die Beschwerdenspanne der Blasenschwäche reicht vom gelegentlichen Urinlösen bei körperlicher Anstrengung (Heben, Niesen, Lachen etc.), kann nach der Schwangerschaft auftreten oder Folge eines Schlaganfalls sein. Frauen leiden häufiger unter Blasenschwäche als Männer.

Ursachen: Durch mangelnde, falsche, einseitige Bewegungen, durch falsches und schweres Heben sowie durch eine

Schwangerschaft kann die Beckenbodenmuskulatur erschlaffen. Dadurch senken sich die Genitalorgane auf Blase und Harnröhre, und durch den Druck löst sich ungewollt Urin. Die Blasenschwäche kann außerdem auf Fehlfunktionen und Verkrampfungen der ableitenden Organe, auf Blasen-Nierenleiden, hormonelle Störungen, organische Nervenleiden (wie Multiple Sklerose) und auf seelisch-nervöse Ursachen zurückzuführen sein.

Abhilfe: Die wichtigste Abhilfe können Sie selbst leisten – durch gezieltes und tägliches Beckenbodentraining. Durch spezielle gymnastische Übungen wird der Beckenboden und das Binde- und Muskelgewebe gestärkt, was das Absinken der Genitalorgane verhindert. Je nach Ursache eignen sich homöopathische Mittel, Fußreflexzonenmassage, Neuraltherapie und Akupunktur. Ergänzend zu diesen Therapien haben sich tägliche Sitzbäder mit einem Extrakt aus Eichenrinde oder Ackerschachtelhalm bewährt. Mehrmals täglich können Sie Heublumensäcke auf die Kreuzbein- und Blasengegend auflegen. In der Ernährung sollten Sie saure und scharf gewürzte Speisen und Getränke vermeiden. Menschen mit einer Reizblase ziehen sich meist aus Angst vor einem ungewollten Harnabgang aus dem öffentlichen Leben weitgehend zurück. Nicht selten führt dies zu einer gewissen Vereinsamung und seelischer Belastung. Psychotherapie sowie Entspannungstechniken stärken die Psyche und unterstützen die Behandlung der Reizblase.

Heilt die Harnwege – das Acker-Zinnkraut

Die Behandlung der Harnwege ist eines der großen Einsatzgebiete des Acker-Zinnkrauts (auch Ackerschachtelhalm). Tees und Sitzbäder mit dieser Pflanze fördern die Heilung von Blasenreizung, Blasenkrämpfen, Blasenschwäche, schmerzhaftem Urinieren und Harngrieß. Auch bei Nierenerkrankungen können Sie mit Zinnkraut Heilimpulse setzen. Zinnkraut zählt zu den kieselsäurereichsten Pflanzen, weitere heilkräftige Inhaltsstoffe sind das Saponin Equisetonin sowie einige organische Säuren, Mineralstoffe und Spurenelemente.

Teerezept: 1 gehäufter TL Zinnkraut mit 1 Tasse Wasser kalt ansetzen und kurz aufkochen lassen. Nach dem Abfiltern heiß und ungesüßt trinken. Ergänzend können Sie Zinnkraut-Frischpflanzensaft (Apotheke) verdünnt mit Wasser einnehmen.

Sitzbad: 4 gehäufte EL Zinnkraut mit 1 Liter Wasser aufkochen und ¼ Stunde ziehen lassen. Danach abfiltern und den Absud zum Wasser in der Sitzbadewanne geben. Bleiben Sie etwa 10 Minuten in diesem Wasser, sollte es warm genug sein, auch etwas länger.

Blasenwirksames Kräuterduo – Schafgarbe und Heidelbeere

Mit einer Fülle von Inhaltsstoffen besitzt die Schafgarbe auch Wirkung gegen Blasenreizung und -schwäche. Ihr keimhemmendes Schafgarbenöl, entzündungshemmendes Azulen, Linolensäure, Sterin, Palmitin-, Salizyl-, Ameisen-, Essig- und Isovaleriansäure sowie ein Vitamin A-ähnlicher Stoff tragen dazu bei. In der Heidelbeere mit ihrem Gehalt an Arbutin, dem Glykosid Myrtillin, Chinasäure und organischen Säuren findet die Schafgarbe einen Partner, der auch zur Heilung von Blasenschlaffheit und Harnröhrenkatarrh eingesetzt werden kann. Beide Pflanzen sind übrigens wegen ihrer günstigen Wirkung auf den Blutzucker auch für Diabetiker geeignet.

Teerezept: Je 30 g Schafgarbe und Heidelbeere für eine Teemischung zusammengeben und pro Tasse Aufguss 1 TL abnehmen. 10 Minuten ziehen lassen und ungesüßt in kleinen Schlucken trinken. 2 - 3 Tassen täglich.

Absage an Krankheitskeime – von Holunderblüten

Reichlich keimhemmende, ätherische Öle, zusammenziehende Gerbstoffe, beruhigender Schleim, gefäßwirksames Cholin und einige andere Inhaltsstoffe machen die Holunderblüten zu einem Antimittel gegen Krankheitskeime. Sie können Holunderblüten bei beginnender Blasenreizung einsetzen, um sofort die Ausscheidung der Bakterien anzuregen. Daneben regen Holunderblüten auch die Schweißdrüsen an und erzielen das Ausschwitzen der Krankheitsstoffe über die Haut.

Teerezept: 1 TL Holunderblüten pro Tasse Aufguss, 5 - 10 Minuten ziehen lassen, abfiltern und ungesüßt trinken. 2 - 3 Tassen täglich.

Rheumatische Beschwerden

Verschiedene Knochen-, Gelenk-, Sehnen-, Muskel-, Bänder- und Bindegewebsschmerzen werden diesem Begriff zugeordnet. Darunter fallen Bezeichnungen wie Arthrose (siehe dort), Gicht, Polyarthritis, Sehnenscheidenentzündung usw. Rheumatische Schmerzen können mit Gelenkschwellungen, Rötungen, Fieber, Krämpfen und Müdigkeit, Kopfschmerzen, Appetitlosigkeit, Unruhe, Frösteln, Schweißausbrüchen etc. auftreten.

Ursachen: Meist entzündliche Prozesse, während denen sich die Gelenkflüssigkeit vermehrt, was manchmal mit der Bildung von Eiter verbunden sein kann. Auslöser der Entzündungen können kranke Zähne, entzündete Mandeln und Nebenhöhlen sein. Bei einem schlecht funktionierenden Stoffwechsel erhöht sich das Risiko für rheumatische Erkrankungen. Schlackenstoffe aus Gewebe und Blut, Säuren und Umweltgifte können dadurch nicht ausreichend abgebaut werden und lagern sich in Bindegewebe, Gelenken und Wirbeln ab. Rheumatische Beschwerden treten häufig schubartig auf, wobei Überanstrengungen, Zugluft und Nervenreizungen fördernd wirken.

Abhilfe: Eine Ernährungsumstellung auf vegetarische Rohkost mit zwischendurch eingeschobenen reinen Tee- und Saftfasttagen bewirkt eine umfassende Entschlackung. Insbesondere bei der Gicht ist strengste vegetarische Kost, bei Verzicht auf Alkohol zu empfehlen, um die Harnsäurekristalle in Gelenken, Knorpel und Gewebe abzubauen. Bei schmerzhaften rheumatischen Schüben mildern mehrmals tägliche Blaubestrahlungen der betroffenen Bereiche die Schmerzen und Schwellungen. Die ergänzende naturheilkundliche Eigenbehandlung sollte mit dem Arzt abgesprochen werden. Vielfach wirken sich Heublumenbäder, Haferstroh- und Kartoffelbreiauflagen schmerzmildernd und entspannend aus, wie auch die nachfolgenden Tees.

Befreit von harnsauren Giften – die große Klette

Die Wurzel der großen Klette ist reich an heilkräftigen Inhaltsstoffen, vor allem dem Zuckerstoff Inulin, Fett-, Phosphor- Gerb- und organische Säuren sowie ätherischem Öl. Insbesondere allen gichtigen und rheumatischen Erkrankungen kommt die harn- und schweißtreibende Wirkung der Klettenwurzel zugute. Über Urin und Haut werden vermehrt harnsaure Giftstoffe ausgeschieden. Daneben wirkt sich die blutreinigende und giftentziehende Wirkung der Wurzel positiv bei rheumatischen Beschwerden aus.

Teerezept: 1 TL fein zerkleinerte Klettenwurzel mit ¼ Liter kaltem Wasser ansetzen, 5 Stunden ziehen und dann kurz aufkochen lassen. Den abgefilterten Tee über den Tag verteilt trinken.

Lindert Schmerzen – die Königskerze

Die Zusammensetzung aus Schleim- und Bitterstoffen, ätherischen Ölen, Saponinen sowie Spurenelementen machen die Königskerze neben der Erkältungsindikation auch wirkungsvoll bei gichtigen und rheumatischen Beschwerden. Zur äußerlichen Anwendung kann das folgende Einreibemittel bei rheumatischen Schmerzen angewandt werden.

Königskerzeneinreibung: 1 Hand voll Königskerzenblüten mit 1 Liter Branntwein ansetzen, 2 – 3 Wochen ziehen lassen und mehrmals abfiltern. Die Flasche gut verschlossen aufbewahren und bei Bedarf die schmerzenden Stellen mit dem Blütenbranntwein einreiben.

Befreit von Schlacken und Schmerzen – die Schlüsselblume

Schleimlösende Saponine, entzündungshemmende ätherische Öle, gefäßstärkendes Vitamin C sowie Primulakampfer, bittere Extraktivstoffe und Zyklamin besitzen einen intensiv entschlackenden Effekt. Damit unterstützt die Schlüsselblume den Organismus, sich von den harnsauren Stoffwechselprodukten zu befreien, die zu gichtigen und rheumatischen Krankheitsbildern führen.

Teerezept: 1 – 2 TL Schlüsselblumen pro Tasse Aufguss, 5 Minuten ziehen lassen und abfiltern. 2 Tassen täglich.

Regeneriert das Gewebe – der Vogelknöterich

Als wirksame Pflanze gegen Gicht und Rheumatismus lobte Kräuterpfarrer Kneipp den Vogelknöterich. Die Inhaltsstoffe dieser Heilpflanze regen die Entschlackung als auch regenerative Prozesse im Gewebe an. Zur blutverbessernden und binde-

gewebserneuernden Wirkung tragen die Kieselsäure, Gerbstoffe, ätherisches Öl, Schleim und die kampferähnliche Substanz Persicariol bei. Ergänzend bei dem nachfolgenden Rezept wirkt das Zinnkraut, das ebenfalls reich an gewebestärkender Kieselsäure ist.
Teerezept: Je ½ TL Vogelknöterichkraut und Zinnkraut pro Tasse Aufguss, 5 Minuten ziehen lassen und abgießen. 2 – 3 Tassen täglich.

Schlafstörungen

Der Kampf um den Schlaf kann sich auf unterschiedliche Weise darstellen. Bei Einschlafstörungen kommt es zu quälend langem Wachliegen. Bei Durchschlafstörungen erwacht der Betroffene meist mitten in der Nacht und kann nur schwer wieder einschlafen. Bei Aufwachstörungen erwacht man sehr früh am Morgen, manchmal zwei Stunden vor dem Weckerklingeln und kann nicht mehr einschlafen. Auch die verminderte Schlaftiefe mit dem Gefühl des „Gerädertseins" am nächsten Morgen zählt zu dieser Symptomatik.
Ursachen: Zu Schlafstörungen kann es durch viele körperliche Krankheiten und geistig-seelische Belastungen kommen. Dauerstress, Reizüberflutung, Sorgen, Ängste und Trauer dürften die häufigsten Gründe sein, ebenso die Einnahme von Medikamenten, Nikotin und Alkohol. Überprüft werden sollten die Ernährungsgewohnheiten. Späte, insbesondere warme Mahlzeiten, die am Abend eingenommen werden, belasten den Organismus und können ihn um den Schlaf bringen.
Abhilfe: Der Behandlungsansatz sollte ganzheitlich sein und körperliche Krankheiten, z. B. Kreislaufstörungen, Hirnverletzungen, Arterienverkalkung oder Organschäden ebenso umfassen wie seelisch-nervöse Einflüsse. Wie bei anderen Heiltees gilt auch für die schlaffördernden Sorten eine zeitlich beschränkte Einnahme, da sich sonst Nebenwirkungen einstellen können. Nach der 2 – 3-wöchigen Teekur sollten Sie eine mehrwöchige Pause einlegen.

Baldrian – der „Einschlafklassiker"
Baldrian hilft, wenn hektische Erregungszustände und nervöses Herzklopfen das Einschlafen verhindern. Die charakteristische beruhigende Eigenschaft der Pflanzenwurzel wird durch das ätherische Öl Oleum Valerianae sowie die Isovaleriansäure hervorgerufen. Gerb- und organische Säuren, Gummi, Schleim, Zucker, Harz und Stärke ergänzen die Wirkung. Bei schweren Schlafstörungen empfiehlt sich eine Teemischung mit Hopfen, wie nachfolgend beschrieben.
Teerezept: 2 Teile Baldrianwurzel und 3 Teile Hopfenzapfen mischen. Davon pro Tasse Aufguss 1 TL abnehmen und 10 Minuten ziehen lassen. Rühren Sie noch 1 TL Honig in den Tee, und trinken Sie ihn einige Zeit vor dem Schlafengehen.

Benediktendistel bringt tiefe Entspannung
Bitterstoffe wie Cnicin, Gerb- und Schleimstoffe, reichlich Kalium, Calcium und Magnesium, ferner ätherische und fette Öle machen das Wirkstoffpaket der Benediktinerdistel aus. Nervös bedingte Einschlafstörungen, Hysterie und Schlafstörungen, die durch nervöse Verdauungsbeschwerden hervorgerufen werden, finden in dieser Pflanze eine wirkungsvolle Einschlafhilfe.
Teerezept: 1 TL Kraut der Benediktendistel pro Tasse Aufguss, 5 Minuten ziehen lassen, abfiltern und ohne Zucker 2 Tassen täglich trinken.

Ruhefördernd und ausgleichend – der Dill
Die vielseitig ausgleichende Wirkung des Dills ist hauptsächlich auf das enthaltene ätherische Öl Carvon zurückzuführen. Der Effekt des Dills liegt nicht in der direkten Einschlafhilfe, sondern in der Nervenberuhigung. Deshalb ist eine Tasse Dilltee auch bei nervösen Unrastgefühlen tagsüber empfehlenswert. Mit Dill können Sie verhindern, dass sich nervöse, hysterische Unruhezustände bis zum Abend aufbauen und das Einschlafen erschweren. Im Gemisch mit Hopfen wird der folgende Dilltee dann zur Einschlafhilfe.
Teerezept: Aus 40 g Dillsamen und 20 g Hopfen eine Teemischung herstellen und davon pro Tasse Aufguss 1 TL abnehmen. 10 Minuten ziehen lassen und nach dem Abfiltern mit Honig süßen.

Entspannungstrio Lavendel, Rose und Melisse
Wenn man trotz Müdigkeit nicht einschlafen kann, den Tag nicht loslassen kann, oder bei Nervosität, Depression und Hysterie wird dieses Heilpflanzentrio für Entspannung sorgen, die schlafbereit macht. Dabei spielt das Zusammenwirken der ätherischen Öle eine große Rolle, die für Beruhigung, für ein körperliches und geistiges Harmoniegefühl sowie für Leichtigkeit sorgen.
Teerezept: Aus je 10 g Lavendel- und Rosenblüten sowie Melissenblättern eine Teemischung herstellen. Davon pro Tasse 1 gehäuften TL abnehmen und aufgießen. 8 – 10 Minuten ziehen lassen und mit Honig gesüßt abends trinken.

Schuppenflechte

Bei der nicht ansteckenden Schuppenflechte bilden sich kleine hochrote, von weißen Schüppchen bedeckte Papeln, oft umrundet von einem weißlichen Hof. Schuppenflechte tritt hauptsächlich an Knien, Ellenbogen, Armen, Beinen, auf dem Kopf, an den Haaransätzen und im Bereich des Steißbeins und des unteren Rückens auf. Die befallenen Hautstellen jucken, was zum Kratzen und damit zu weiterem Reizen der Haut führt. Beim Entfernen der Schuppen kann es zu Blutungen kommen. Die Schuppenflechte tritt meist in Schüben auf. Nach Jahren der vermeintlichen Heilung kann es wieder zu

einem Ausbruch kommen. Neben dieser weit verbreiteten Form gibt es noch einige Sonderformen (z. B. betroffene Nägel), die der Hautarzt diagnostizieren muss.
Ursachen: Auf Grund von Verhornungsstörungen in der Oberhaut steigt die Zellteilungsrate in den betroffenen Bereichen bis auf das Achtfache. Normalerweise benötigt eine Zelle 20 Tage, um sich zu teilen und 28 Tage, um von ihrem Entstehungsort auf die Oberhaut transportiert zu werden. Dieser Zyklus ist auf 1,5 bzw. auf 3 bis 4 Tage verkürzt. Auslöser des „Zellwuchers" können Infektionen (z. B. Pilzinfektionen) der oberen Luftwege, unverträgliche Medikamente, Schockerlebnisse, Stress, Hautreizungen, Verätzungen, Druck, Ernährungsfehler oder Lichtmangel sein.
Abhilfe: Milde Hautreinigung, parfumfreie Fettpflege und regelmäßige, aber in Maßen genossene Sonnenbestrahlung sind wichtige Punkte der äußeren Behandlung. Entspannungsübungen und vollwertige Ernährung tragen zur Verbesserung des Leidens bei, wie auch die folgenden Kräuterbehandlungen.

Eichenrinde dämmt Jucken, stillt Blutungen

Die zusammenziehende und gewebeverdichtende Wirkung der Eichenrinde durch reichlich enthaltene Gerbsäure und organische Säuren, Pektine und Stärke steht bei der Behandlung von Schuppenflechte im Vordergrund. Möglich ist innere wie äußere Anwendung. Die stopfende Wirkung der Eichenrinde wird bei innerer Anwendung durch Faulbaumrinde ausgeglichen.
Teerezept: 1 El Eichenrinde und ½ El Faulbaumrinde mit einer Tasse kalten Wasser ansetzen, 10 Minuten kochen, abfiltern.
Hautwaschung: 1 EL Eichenrinde mit einer Tasse kaltem Wasser ansetzen und 10 – 15 Minuten kochen. Im abgefilterten Absud ein Tuch tränken und dieses auf die, zuvor gereinigten Hautbereiche drücken. Nach 10-minütiger Einwirkzeit die Haut an der Luft trocknen lassen, danach mit einer parfumfreien fettreichen Creme pflegen.

Gerste reduziert Rötungen und pflegt die Haut

Ihre hautfreundlichen Heilstoffen wie Stärke, pflanzliches Fett, Enzyme und essenzielle Fettsäuren machen die Gerste zu einem hilfreichen Mittel gegen vielerlei Hautkrankheiten. Bei der Schuppenflechte mildert sie Rötungen, Jucken und Trockenheit. Beim Abkochen der Gerstenkörner bildet sich ein Gerstenschleim, den Sie für Waschungen und Auflagen verwenden können. Auf trockene, schuppige und gerötete Hautstellen hat der Gerstenschleim einen beruhigenden und nährenden Einfluss.
Äußere Behandlung: 5 El Gerstenkörner anquetschen, mit ¼ Liter Wasser aufkochen und ein paar Minuten leicht quellen lassen. Danach noch einige Zeit stehen lassen, bis die Flüssigkeit eine dickere, gelartige Konsistenz erhalten hat. Filtern Sie die Gerste ab, und tragen Sie das Gerstenwasser auf das zuvor gereinigte

Gesicht auf. 10 Minuten einwirken lassen und evtl. Reste mit lauwarmem Wasser abwaschen und die Haut mit einer neutralen, fettreichen Creme behandeln.

Melisse löst den Stress
Die Haut als „Spiegel der Seele" kann massiv auf Stress, Konflikte oder andere nervöse Störungen reagieren. Besonders die Schuppenflechte lässt häufig auf solche Ursachen schließen und kann in der Melisse einen harmonisierenden Ausgleich finden. Neben Bitter- und Gerbstoffen begünstigt das ätherische Öl der Melisse das Abheilen problematischer Hautstellen.
Teerezept: 1 TL Melisse pro Tasse Aufguss, 5 Minuten ziehen lassen und abfiltern. Von diesem Tee können Sie 3 – 4 Tassen täglich trinken.

Schwitzen, übermäßiges

Im Grunde ist das Schwitzen ein notwendiger Prozess des Körpers, der zur Temperaturregelung dient. Die Haut übernimmt dabei die Aufgabe, den Organismus abzukühlen und vor heißen klimatischen Verhältnissen zu schützen. Beim übermäßigen Schwitzen werden Hände, Füße, Armbeugen und daneben alle Hautfalten zu intensiven Schweißzentralen. Je nach Zusammensetzung des Schweißes und seiner Säurekonzentration, z. B. auch im Zusammenspiel mit aufgetragener Kosmetika, Parfums oder Deodorants kann es zu starken Hautirritationen kommen.

Ursachen: Neben äußeren klimatischen Einflüssen und körperlichen Anstrengungen können verschiedenste Krankheiten und organische Schwächen (z. B. Überfunktion der Schilddrüse, Herzkrankheiten), Verschlackung, hormonelle Umstellungen, Medikamenteneinnahme, Erschöpfungszustände, Stress sowie geistige und seelische Belastungen die Schweißbildung anregen. Im Krankheitsfall kann es ferner zu Nachtschweiß (z. B. bei Lungen- und Lymphdrüsenleiden) kommen.
Abhilfe: Alternative Behandlungsmethoden wie Wassertreten, Barfußlaufen und autogenes Training stimulieren das vegetative Nervensystem und gleichen psychisch bedingte Schweißbildung aus. Zur örtlichen Behandlung von Hand- und Fußschweiß können Sie Teilbäder (Hand- oder Fußbäder) mit Heilpflanzen durchführen. Bei einer vorwiegend vegetarischen Ernährung und Verzicht auf Alkohol und gesüßte Getränke kann ein intensiver Schweißgeruch deutlich verbessert werden. Vermehrte Schweißbildung auf Grund eines Medikaments sollten Sie mit Ihrem Arzt besprechen. Auch hier kann eine Ernährungsumstellung mit hohem Rohkostanteil hilfreich sein.

Fenchel für einen guten Körpergeruch
Die Klosterfrau Hildegard von Bingen würdigte den Fenchel als Pflanze, die einen guten Körpergeruch verleihe. Aufgrund seines reichen Gehaltes an ätherischen Ölen zählt Fenchel eigentlich zu den klassischen Leber-Galle-Heilpflanzen.

Wegen seiner Wirksamkeit auf die Schleimhäute wird er auch zur Behandlung verschleimter oberer Luftwege eingesetzt. Die Zusammensetzung des Fenchels aus intensiven und reinigenden ätherischen Ölen bringt bei der Schweißbildung einen geruchshemmenden Einfluss mit ins Spiel.
Teerezept: 1 TL Fenchelsamen pro Tasse Aufguss, 5–10 Minuten ziehen lassen, abfiltern und in kleinen Schlucken trinken. 2 – 3 Tassen täglich.

Hopfen beruhigt die Schweißdrüsen
Die Ursache von übermäßigem Schwitzen ist häufig in starker Nervosität und Unruhezuständen zu suchen. Die Wirkung des Hopfens beruht u. a. auf dem beruhigenden Hopfenmehl Lupulin, auf drüsenbeeinflussenden Alkaloiden, Gerbstoffen sowie auf harmonisierenden, ätherischen Öle. Der abendliche Hopfentee lässt ruhig in die Nacht gehen und vermittelt Stärke und innere Ruhe für den nächsten Tag.
Teerezept: 1 TL Hopfenzapfen pro Tasse Aufguss, 10 Minuten ziehen lassen, abfiltern und 1 Tasse täglich trinken. Die Alternative zum Hopfentee ist ein duftendes Hopfenkissen (Apotheke/Reformhaus).

Kühlend und beruhigend – der Salbei
Salbei stabilisiert das vegetative Nervensystem und reduziert übermäßiges Schwitzen, wie es während der Pubertät, der Wechseljahre, in psychisch belasteten Zeiten usw. verstärkt auftreten kann. Salbei trägt viele Inhaltsstoffe in sich, die kühlende, beruhigende und desinfizierende Wirkung besitzen, so ätherische Öle, Kampfer, Thyon, Pinen, Zineol und Borneol. Daneben unterstützen adstringierende Gerbstoffe sowie einige Mineralstoffe die Antischweiß-Wirkung dieser Pflanze.
Teerezept: 1 TL Salbei pro Tasse Aufguss, 5 –10 Minuten ziehen lassen, abfiltern und 1 – 2 Tassen täglich trinken. Abgekühlten Teeaufguss in größerer Menge können Sie für ein schweißhemmendes Hand- oder Fußbad verwenden.

Verstopfung

Ein träger oder sogar chronisch verstopfter Darm kann seine Funktion, den Organismus mit frischen Nährstoffen zu versorgen, nicht oder nur mangelhaft erfüllen. Stattdessen gibt er immer mehr Darmgifte ins Blut ab, die dann durch den gesamten Körper, sogar durch das Gehirn kreisen. Allgemeines Unwohlsein, Bauchschmerzen, Krämpfe, Erschöpfung, geistige Abgeschlagenheit und Mundgeruch führen die lange Liste der Verstopfungsfolgen an. Ständige Verstopfung schwächt das Immunsystem und kann sich in organischen Schäden, in Hämorrhoiden und unreiner Haut niederschlagen.
Ursachen: Zu viel, zu schwere und ballaststoffarme Kost wird im Darm zu einer zähen unbeweglichen Masse. In den meisten Fällen fehlt es außerdem an regelmäßiger Bewegung, die Entleerungsreize an den Darm sendet. Ferner kann eine zu rasche Umstellung auf die an und für sich

wichtige ballaststoffreiche Kost (bei zu wenig Flüssigkeit) zu Verstopfung führen. Organische Ursachen wie Hämorrhoiden treten einerseits als Folge von Verstopfung auf, andererseits können sie auch zu Verstopfung führen. Weitere Gründe können Darmgeschwülste, Stress, Stuhlverhaltung aus Zeitgründen, abnorme Dickdarmlänge und Störungen der Darmflora sein.

Abhilfe: Eine der wichtigsten Gesundheitsvorsorgen ist eine regelmäßige Verdauung mit täglichem Stuhlgang. Mit einer Ernährungsumstellung ist meist schon ein großer Schritt getan. Achten Sie bei ballaststoffreicher Nahrung auf eine erhöhte Flüssigkeitszufuhr. Nur so können Ballaststoffe genügend eingeschlämmt und transportiert werden. Gezielte und regelmäßige Darm-und Bauchgymnastik, ferner die Therapie von möglichen seelisch-nervösen Gründen ergänzen das Tee-Fitnessprogramm für den Darm.

Faulbaum bringt den Darm auf Trab

Das in der Faulbaumrinde enthaltene Glukofrangulin regt die Verdauung intensiv an und führt dabei weder zu Reizungen noch zu Darmschäden. Bitterstoffe, Rhamnol, Arachinsäure, Harze, Apfelsäure, ätherisches Öl und Vitamin C ergänzen diese Wirkung der Faulbaumrinde. Mit der angeregten Verdauung lösen sich auch einige Nebenwirkungen der Verstopfung. Das können Kopfschmerzen, Konzentrationsstörungen oder Unwohlgefühl und Müdigkeit sein, die durch Darmgifte hervorgerufen wurden.

Teerezept: 1 TL zerkleinerte Faulbaumrinde mit 1 Tasse Wasser kalt ansetzen und kurz aufkochen lassen. 1 Tasse abends trinken.

Verdauungstalent Kümmel

Kümmel besitzt erwärmende, eröffnende, blähungswidrige und magenstärkende Eigenschaften, was ihn zu einem wahren Verdauungstalent macht. Darmträgheit, Blähungen, Magenbrennen, Magenschmerzen, Magenkolik, Übelkeit und Brechreiz stehen u. a. auf der Liste seiner Wirksamkeiten. Sie können Kümmel in verschiedenen Formen vor, während oder nach einem schweren Essen einsetzen und nicht zuletzt auch einfach mitessen, z. B. aufs Brot oder über dem Salat. Ätherisches Öl (Carvon) und fettes Öl, Stärke, Zucker und Spurenelemente machen seine Wirkung aus. Das folgende Rezept integriert die entkrampfende Pfefferminze.

Teerezept: 1 TL Kümmel im Mörser anstoßen und zusammen mit 1 TL Pfefferminze aufgießen. 10 Minuten ziehen lassen, abfiltern und heiß trinken. 2 – 3 Tassen täglich.

Gärungshemmend – das Tausenguldenkraut

Erythrocentaurin heißt der zungenbrecherische Hauptwirkstoff des Tausendguldenkrauts. Zu diesem wirkkräftigen Bitterstoffglykosid kommen ätherische Öle, Schleimstoffe, Phytosterin, Harze, Palmitinsäure und Magnesium und einige weitere Inhaltsstoffe hinzu. Das Kraut wirkt gärungshemmend und regt die Tätigkeit von Magen-, Darm- und Speicheldrüsen an. Darmgase und Stauungen werden aufgelöst und die Darmfunktion gefördert. Einsetzen können Sie es neben Verstopfung auch bei Magenschwäche, Magendrücken oder Magenkatarrh.

Teerezept: ½ TL Tausenguldenkraut mit 1 Tasse kaltem Wasser ansetzen und 8 Stunden ziehen lassen, abfiltern und erst dann erwärmen. Trinken Sie diesen Tee immer vor den Mahlzeiten, nie direkt danach. 2 Tassen täglich.

Bringen alles in Gang – Wermut und Fenchel

Mit seinen Bitterstoffen, dem ätherischen Wermutöl, Glykosiden und organischen Säuren schafft das Wermutkraut bei einigen Darmproblemen Abhilfe, so bei der chronischen Verstopfung, Druck, Schmerzen und Völlegefühl sowie bei verminderter Leber- und Gallenfunktion. Daneben wirkt er der belegten Zunge und Mundgeruch entgegen, die durch schlechte Verdauung ebenfalls auftreten können. Dies wird vom Fenchel unterstützt, der durch seine wärmende Eigenschaft Blähungen auflöst.

Teerezept: 50 g Wermutkraut und 20 g Fenchelsamen mischen und davon 1 TL pro Tasse Aufguss abnehmen. 5 –10 Minuten ziehen lassen, abfiltern und 1 – 2 Tassen täglich, am besten vor dem Essen trinken.

Wadenkrampf

Beim Wadenkrampf ballen sich die Muskeln schmerzhaft zusammen. Der Krampf löst sich durch Anziehen des Fußes oder sofortiges Auftreten. Eine leichte Massage der Wade regt die gestockte Durchblutung wieder an und lockert die verhärtete Muskulatur. Schwere Wadenkrämpfe können noch tagelang durch die bestehende Muskelverhärtung „nachwirken“, in dem Auftreten und Gehen schmerzhaft bleiben.

Ursachen: Während des Sports oder bei einer anderen Überanstrengung der Muskulatur entstehen kleinste Verletzungen innerhalb der Muskelfasern. Sie rufen eine lokale Entzündungsreaktion hervor, und in der Folge wird ein Muskelkrampf ausgelöst. Weitere Gründe für Wadenkrämpfe können ein gestörter Mineralhaushalt des Körpers sein, wobei Salz- und Magnesiummangel z. B. auf Fieber oder starkes Schwitzen zurückzuführen ist. Bandscheibenschäden, Rheuma, Verletzungen und Prellungen schließen sich an.

Abhilfe: Zur Vorbeugung und Behandlung von Sportler- oder Überlastungswadenkrämpfen eignen sich Mineralwässer (mit hohem Natrium- und Magnesiumanteil), spezielle Elektrolyt-Getränke sowie Sportler-Energieriegel. Wadenmassagen mit entkrampfenden Heilkräutern besitzen außer der entkrampfenden Sofortwirkung auch eine beruhigende Langzeitwirkung. Nächtliche Wadenkrämpfe, die sich trotz Ihrer Bemühungen nicht verbessern, sollten Sie mit dem Arzt besprechen.

Hauhechel für Muskeln und Gewebe
Der Tee aus der Hauhechelwurzel entlastet das Gewebe, was sich auch bei Gicht, Rheuma und Wassereinlagerungen positiv auswirkt. Dies beruht auf ihrer Wirkstoffkombination aus ätherischem Öl, Gerbstoffen, Harzen, Zitronensäure und Glykosiden. Beim Wadenkrampf wird die Wurzel äußerlich angewandt.
Einreibung: Eine Hauhechelwurzel in 1 l Weißwein abkochen und abfiltern. Nachdem der „Hauhechelwein" abgekühlt ist, können Sie ihn für Einreibungen schmerzender Waden verwenden.

Mit Wiesenkraft gegen Krämpfe – Heublumen
Wie erwähnt, handelt es sich bei dem Begriff Heublumen um eine Wiesenpflanzenmischung, die mehr als 20 verschiedene Heilkräuter enthalten kann. Die Heublumentherapie eignet sich für viele Erkrankungen des Bewegungsapparates, darunter Muskel-, Rheuma-, Gicht- und Knochenleiden. Nach einem Wadenkrampf werden die wärmenden, krampflösenden und entspannenden Inhaltsstoffe der Heublumen auf angenehme Weise wirksam.
Heublumenauflage: 200 g Heublumen locker in einen kleinen Leinensack (auch fertig in Apotheken/Reformhäusern erhältlich) füllen und verschlossen kurz in Wasser aufkochen lassen. Leicht ausdrücken, warm auf die Wade legen und mit einem trockenen Frottiertuch umwickeln und mindestens ½ Stunde damit ruhen. Massieren Sie die Wade anschließend mit angewärmtem Majoranöl oder mit Hauhechelwein.

Löst und entspannt die Muskeln – der Majoran
Die schmerzlindernde Eigenschaft des Majorans beruht auf dem stark duftenden Majoranöl, auf Terpenen, Terpinolen, Sesquiterpenen, Gerb- und Bitterstoffen, Kampfer und Mineralstoffen. Nach Beinsport oder Wanderungen eignet sich das folgende Majoranöl auf Grund seiner entspannenden Wirkung bereits als Vorbeugung gegen den Wadenkrampf. Seine schmerzlindernde und krampflösende Wirkung tut aber auch danach wohl.
Massageöl: 100 g frischen Majoran mit 500 ml Olivenöl ansetzen und 2 Wochen an einen warmen Ort ziehen lassen und abfiltern. Danach kann die Mischung als Massageöl nach sportlichen Aktivitäten verwendet werden.

Wechseljahrsbeschwerden

Zu den typischen Wechseljahrsbeschwerden zählen Hitzewallungen (aufgrund des Hormonstoßes, der ins Blut abgegeben wird), Bluthochdruck, Schwindel, Herz-Kreislaufstörungen, Herzklopfen, Kopfschmerzen, Schrumpfen der Brüste, Trockenheit der Vagina, Knochenentkalkung, Reizbarkeit, Depression, Konzentrationsmangel, Schlaflosigkeit etc.
Ursache: Die Produktion der weiblichen Sexualhormone Östrogen und Proge-

steron verringert sich etwa im Alter von 42 bis 45 Jahren. Ab diesem Zeitraum bleibt die Periode zunächst manchmal, später öfter aus. Mit der Einstellung der Hormonproduktion bleibt die Periode schließlich ganz aus. Die hormonelle Umstellung verursacht zum Teil starke Beeinträchtigungen des emotionalen wie körperlichen Wohlbefindens.

Abhilfe: Die Wechseljahre sind ein deutliches Zeichen einer völligen körperlichen Umstellung. So ist es nur natürlich, dass sich dies auch im geistig-seelischen Bereich niederschlägt. Untersuchungen haben ergeben, dass Frauen, die eine „unverkrampfte“ Einstellung zu den Wechseljahren haben, diese Lebensphase besser überwinden, ja sogar gestärkt aus ihr herausgehen. Neue Lebensformen, neue Lebensziele, das Knüpfen neuer Kontakte und das Loslösen von altem Ballast sind nur einige Reaktionen, die diese Phase erleichtern. Die körperliche und seelische Krise braucht ablenkende und auflösende Impulse. Diese können Sie in autogenem Training, Meditation, Selbsthypnose, ggf. auch einer Psychotherapie finden. Verschiedene Heilkräuter helfen ebenso, über schwierige Zeiten hinwegzukommen, z. B. Johanniskraut, Rosmarin, Salbei, Weißdorn, Hopfen, Baldrian. Je nach Beschwerden können die Heilkräuter, die in den Kapiteln „PMS-Syndrom, Antriebsschwäche, Gelenkabnutzung/Osteoporose, Migräne, Schlafstörungen und Schwitzen“ beschrieben werden, hilfreich sein.

Johanniskraut für Körper und Nerven

In Phasen der völligen Umstellung, wie sie die Wechseljahre darstellen, kann das Johanniskraut sehr große Hilfe leisten. Auf Grund seiner enthaltenen Bitter- und Gerbstoffe, ätherischen Öle, Pektin- und Myristinsäure, dem Hypericin und Phytosterin beeinflusst es sowohl die körperlichen als auch seelisch-nervösen Beschwerden. Sie können es einzeln oder, z. B. bei Gebärmutterkrämpfen und -entzündungen bzw. anderen Gebärmutterstörungen, mit der Mistel ergänzen.

Teerezept: Für eine Tagesration Tee setzen Sie 6 TL Mistelblätter mit kaltem Wasser 8 Stunden an. Nach dem Abfiltern wird der Tee portionsweise mit dem separat zubereiteten Johanniskrauttee (1TL pro Tasse Aufguss, 5 Minuten ziehen lassen) gemischt, ggf. noch einmal zusammen kurz erwärmt.

Reinigung und Wohlgefühl durch Rose und Safran

In dieser Blüten- und Gewürzkombination stecken die heilsamen Kräfte von ätherischen Ölen, Pflanzenzuckern, Apfelsäuren, Quercetin und Gerbstoffen aus der Rose und dem Carotin, Crozin, Lycopin und Traubenzucker des Safrans. Beide ergänzen sich zu einer krampflösenden, stimmungsaufhellenden, schmerzstillenden und entspannenden Teemischung, die bei allen Wechseljahrsbeschwerden eingesetzt werden kann. Bitte beachten Sie, dass Safran ein starkes Heilmittel ist, und im Übermaß starke Nebenwirkungen hervorrufen kann.

Teerezept: 1 gehäufter TL Rosenblüten und 2 Narben Safran (auf hohe Qualität achten) pro Tasse Aufguss, 5 Minuten ziehen lassen, abfiltern und ohne Zucker trinken. 2 – 3 Tassen täglich.

Zuckerkrankheit

Anzeichen für eine mögliche Zuckererkrankung (Diabetes mellitus) sind abnormes Durstgefühl, häufiger Harndrang, Brennen und Jucken in der Harnröhre beim Wasserlassen, Juckreiz auf der Haut, Neigung zu Pilzinfektionen der Haut sowie zu Furunkeln. In der Apotheke erhältliche Harnteststäbchen können zur Zuckerkontrolle verwendet werden. Eine sichere Diagnose ist aber nur durch eine Blutuntersuchung beim Arzt möglich. Wichtig ist die medizinische Untersuchung auch, um die gezielte Behandlung abzuklären, z. B. ob der Zuckerspiegel durch eine gezielte Ernährung in Balance gehalten werden kann oder ob regelmäßige Insulinspritzungen nötig sind.
Ursachen: Die Bauchspeicheldrüse produziert nicht genügend Insulin, ein Hormon, um den Blutzuckerspiegel bei Aufnahme von Kohlenhydraten konstant zu halten. Ist zu wenig Insulin im Blut, steigt der Blutzuckerspiegel rapide an bzw. kann stark absinken (Unterzucker). Das kann zu Kopfschmerzen, Schwindel, Krämpfen bis hin zum Zuckerkoma führen. Stress und seelisch-nervöse Gründe sind weitere Gründe, die sich erhöhend auf den Zuckerspiegel auswirken.
Abhilfe: Ballaststoffreiche Ernährung, viel Bewegung und ggf. Abbau von Übergewicht wirken sich günstig auf die Zuckerkrankheit aus. Die evtl. medizinische Therapie richtet sich nach der Diagnose des Arztes. Sie können diese durch verschiedene Heilpflanzen mit blutzuckersenkender Wirkung ergänzen.

Senken den Blutzuckerspiegel – Bohnenschalen
In den Schalen der Buschbohnen steckt die insulinartige Substanz Glukokinin, weshalb sie interessant zur Behandlung der Zuckerkrankheit sind. Glukokinin fördert die Senkung des Blutzuckerspiegel und reduziert die Harnzuckerausscheidung. Auch der Speisezettel sollte sehr häufig Bohnenkost enthalten, ergänzt vom ebenfalls wirksamen und durstlöschenden Bohnenkraut. Am besten wirksam sind Bohnenschalen, wenn Sie sie im Wechsel mit anderen, ähnlich wirkenden Kräutern einsetzen.
Teerezept 1: 1 EL getrocknete Bohnenschalen in ¼ Liter Wasser kurz aufkochen, abfiltern und zuckerlos in kleinen Schlucken über den Tag verteilt trinken. 2 Tassen täglich.
Teerezept 2: 1 TL Bohnenkraut pro Tasse Aufguss, 5 Minuten ziehen lassen und abfiltern. 3 – 4 Tassen täglich.

„Beerige“ Wirkkraft in Heidelbeeren
Das in den Heidelbeerblättern enthaltene Glykosid Myrtillin wird als „pflanzliches

Insulin“ bezeichnet. Myrtillin kann die Harnzuckerausscheidung deutlich reduzieren und stellt daher eine wirkungsvolle Unterstützung einer Zuckerdiät und – in Absprache mit dem Arzt – einer Insulinbehandlung dar. Die weiteren Inhaltsstoffe wie Gerbstoffe, Arbutin, Chinasäure, Erikolin und organische Säuren ergänzen den Blättertee mit ihrer vielseitigen Heilwirkung. Das in den frischen Beeren enthaltene Chrom wirkt Alterszucker und Arteriosklerose entgegen, weshalb man hier zum Naschen auffordern kann. In der folgenden Mischung ergänzen sich einige blutzuckerwirksame Pflanzen.
Teerezept: Je 20 g Heidelbeerblätter, Bohnenschalen, Wacholder und Schafgarbe zu einer Teemischung zusammengeben. Pro Tasse Aufguss 1 gehäuften TL abnehmen, 10 Minuten ziehen lassen und abfiltern. Trinken Sie täglich 2 – 3 Tassen des ungesüßten Tees.

Zweifachnutzen mit der Brennnessel

Zur ergänzenden Behandlung der Zuckerkrankheit kann auch die Brennnessel eingesetzt werden. Neben ihrer entwässernden und blutreinigenden Wirkung, beeinflusst sie durch ihre pflanzlichen Hormone den Blutzuckerspiegel positiv. Im nachfolgenden Teegemisch ergänzen sich nach einem Rezept der Volksheilkunde Brennnesseln, Bohnenschalen und Heidelbeeren.
Teerezept: Aus je 20 g Brennnesselblättern, Heidelbeerblättern und Bohnenschalen eine Teemischung herstellen. Davon pro Tasse Aufguss 1 TL entnehmen, 10 Minuten ziehen lassen und abfiltern. Ungesüßt 2 – 3 Tassen täglich trinken.

Gesunde Alternative zum Durst – die Hagebutte

Die entschlackende Wirkung der Hagebutte unterstützt den Abbau von Übergewicht, das bei Zuckerkranken häufig ein Problem darstellt. Hagebuttentee ist auch ein gesunder Durstlöscher. Die Früchte der Hagebutte sind reich an Vitamin C, organischen Säuren, ätherischem Öl, Lecithin, Lignin, Kieselsäure und verschiedenen Mineralstoffen.
Teerezept: 1 TL Hagebuttenschalen mit Kernen pro Tasse Aufguss, 10 Minuten ziehen lassen und abfiltern. Ungesüßt können Sie mehrere Tassen täglich trinken.

Bücher und Adressen, die weiterhelfen

Natürliches Heilen
Die Heilkraft der Rosen – Gesundheit, Schönheit und Lebensglück aus dem Rosenbeet. Evelyn Thomsen, erschienen im Seehamer Verlag.
ISBN 3-934058-21-3

Ringelblume & Rosmarin – Das heilkräftige Duo aus dem Garten. Evelyn Thomsen, erschienen im Seehamer Verlag. ISBN 3-934058-20-5

Hildegard von Bingen – Heilsteine, ergänzt von natürlichen Heilmitteln, die die Klosterfrau empfahl. Erschienen im Seehamer Verlag.
ISBN 3-932131-45-2

Ayurveda
Aufbruch zur Stille – Maharishi Ayur–Veda, eine leise Medizin für eine laute Zeit. Dr. med. Ulrich Bauhofer, erschienen im Verlag Gustav Lübbe.
ISBN 3-7857-0873-4

Fasten
Heilfasten – Harmonie von Körper, Geist und Seele. Brigitte Neusiedl, erschienen im Heyne Verlag.
ISBN 3-45311796-2

Heilfasten mit Früchten. Wolfgang Höhn, erschienen im Knaur Verlag, ISBN 3-426-76109-2

Astrologie und ganzheitliches Heilen
Das senkrechte Weltbild. Rüdiger Dahlke/Nicolaus Klein, erschienen im Heyne Verlag. ISBN 3-453-04528-9

Krankheit als Weg. Thorwald Dethlefsen/Rüdiger Dahlke, erschienen im Goldmann Verlag. ISBN 3-442-13796-9

Nützliche Adressen
Ayur-Veda Gesundheitszentrum
Parkschlösschen Bad Wildstein
Wildbadstr. 201
56841 Traben-Trarbach
Tel. 06541/705-0
Fax. 06541/705-115

Psychomedizinische und astrologische Gesundheitsberatung
Heil- und Ernährungspraxis
Brigitte Neusiedl
Gartenstr. 8
86570 Inchenhofen
Tel. 08257/1569
Fax. 08257/8378

Zentrum für ganzheitliche Medizin und Psychotherapie
Astrologische Beratung
Dr. med. Klaus Meyer
Schraudolphstr. 16
80799 München
Tel. 089/2720911

Register

Rosmarin
Minze
Melisse